CAUSERIES SUR LE PAYS BASQUE

CAUSERIES

SUR LE

PAYS BASQUE

LA FEMME ET L'ENFANT

PAR

Mme Charles d'ABBADIE d'ARRAST

(ECHAUZECO ANDÉRIA)

PARIS

F. R. DE RUDEVAL, ÉDITEUR

—

1909

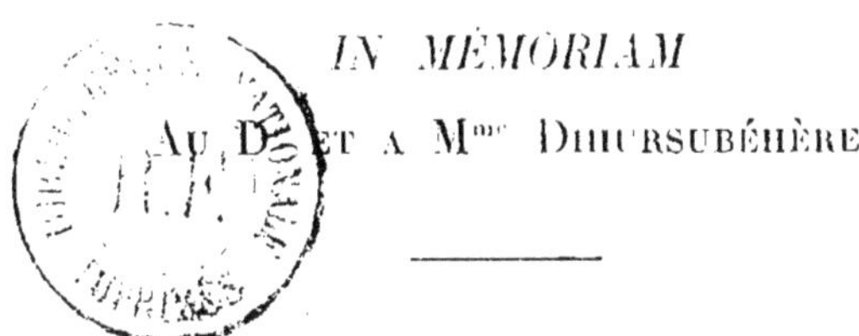

IN MEMORIAM

AU D... ET A Mme DIHURSUBÉHÈRE

La plupart de nos renseignements sur le pays basque, sur ses mœurs et ses traditions, nous les devons à une femme dont le souvenir doit rester en grand honneur dans notre région, à la regrettée Mme Dihursubéhère, veuve du Docteur Dihursubéhère qui, pendant de longues années, en collaboration avec son mari, avait consacré à ses compatriotes et, en particulier, aux habitants de la vallée de Saint-Etienne-de-Baïgorry, son grand dévouement, l'affection d'un cœur généreux et compatissant. Certes, si nous voulons attribuer au caractère basque une supériorité remarquable, nous regarderons au souvenir de ces deux amis, le Docteur et Mme Dihursubéhère. Tous deux nous semblent avoir incarné les meilleures vertus de leur noble race et c'est à leur mémoire qu'avec émotion, nous dédions en hommage de gratitude notre opuscule. Puissent-ils tenir pour agréable notre modeste offrande !

M. D'ABBADIE D'ARRAST.

Château d'Echauz, le... décembre 1908.

AVANT-PROPOS

Nous avons recueilli, il y a une trentaine d'années
déjà, les notes que nous publions aujourd'hui sur le
Pays basque. Nous parlons en particulier de la basquaise, de l'enfant et enfin des hôtes inférieurs de la
maison et de la montagne. Ces notes n'ont aucune
prétention scientifique : elles n'ont d'autre intérêt, si
tant est que le bienveillant lecteur puisse y satisfaire
sa curiosité, que celui de l'ancienneté des souvenirs
qu'elles évoquent ; car tandis que les versants des
Pyrénées et les vallées où se sont établis les Basques
demeurent dans leur superbe immobilité, les mœurs
du petit peuple se sont modifiées, l'antique idiome
euscarien a perdu sa pureté primitive et la transformation moderniste est si rapide que, peut-être,
serait-il malaisé de s'entretenir aujourd'hui, comme
nous avons eu le privilège de le faire jadis, avec
des témoins qui, nés dans la première moitié du
dix-neuvième siècle, avaient reçu les traditions de
l'époque où leurs aïeuls furent les jeunes, c'est-à-
dire vers la fin du dix-huitième siècle, contemporains de la Révolution Française de 1789.

Nous publions nos notes telles qu'elles se présentent à notre souvenir ; nous ne cherchons pas à
y introduire un ordre chronologique quelconque ;

c'est à la fois une conversation familière sur le temps passé et des observations personnelles plus récentes sur le mode de vie de chaque jour.

Le Pays basque n'a pas échappé au sort commun des anciennes provinces de France. Les routes, les chemins de fer, les relations avec les grands centres, les journaux, les vêtements qu'envoient les grands magasins de Paris avec les objets et ustensiles d'un usage courant, sont autant de causes d'affaiblissement de l'esprit local et particulariste; le service militaire lui donne le coup de grâce.

Cependant, en dépit de l'usure du temps, nous retraçons la civilisation primitive par quelques traits de mœurs, par une certaine mentalité des habitants du pays. Cette empreinte antique persiste, grâce à l'attachement du basque à la Maison, à cette maison où sont venues naître et mourir tour à tour les générations successives. Par le moyen du foyer séculaire, la famille et les traditions se continuent; le Code civil n'est pas parvenu à détruire entièrement tout vestige de l'état premier, tandis qu'au contraire, d'une façon presque universelle, le souvenir du passé s'est effacé au sein des nations civilisées du globe, lorsque la perpétuité de la famille n'a pas été assurée par la permanence héréditaire du domaine.

Bientôt les récits consignés dans notre petit livre seront de l'histoire ancienne, absolument oubliée. Maintenant, quoique tardivement, nous arrivons par l'observation de la façon de vivre et d'agir de nos basques à la conclusion logique, conséquence de la permanence de l'habitation, que la femme occupe

parmi eux une place hors pair. Nous nous trouvons
en présence des dernières manifestations d'un état
social que l'on a retrouvé identique dans un grand
nombre de civilisations anciennes et que l'on désigne
sous le nom de « Matriarcat » ou gouvernement des
Mères. Sans doute, il serait téméraire d'affirmer que
chez l'Escualduna, la femme fut en possession de
droits juridiques qui élevaient sa condition au-dessus
de celle de l'homme ; nous pensons qu'il faut s'en
tenir à admettre qu'il existait une certaine égalité
entre les sexes, égalité ou confusion de droits dont
le texte des fors, c'est-à dire des codes des provinces
basques, établissent la réalité ; cette égalité de droits
entre les sexes existait d'une façon plus évidente
dans les siècles passés qu'actuellement. Rappelons le
témoignage de Plutarque qui écrit expressément que
lorsqu'Annibal franchit les Pyrénées, il s'engagea à
dédommager les populations montagnardes des dégâts que causeraient ses troupes. Entre lui et la
population des vallées, il fut convenu, d'un commun
accord, qu'un tribunal de femmes fixerait le chiffre
des indemnités ; les femmes étaient donc en possession d'un mandat de juré, d'une magistrature ;
c'est-à-dire qu'elles prenaient part au gouvernement
et nous lisons dans Eugène Cordier : « *Organisation
de la famille chez les Basques* » que dans le for de
Jaca, en Aragon, se trouve une disposition du
même ordre « que mon maire », dit le roi, « n'accueille pas de plainte contre un homme de Jaca, si
ce n'est à l'arbitrage des femmes de la ville ». Or,
les Basques et les Cantabres, s'ils n'ont pas une ori-

gine commune, sont assez voisins les uns des autres pour faire admettre comme plausible une ressemblance d'usages s'étendant d'un peuple à l'autre.

On sait que chez les Basques, l'héritage était dévolu à l'aîné des enfants sans distinction de sexe. Encore, aujourd'hui, on observe cette extension à la femme, du droit d'aînesse. Lorsqu'une fille est l'aînée, elle est l'héritière et elle devient la maîtresse de la maison, la maîtresse du domaine familial. On l'appelle l'Etcheko anderia, la dame, la seigneuresse de la maison. Le mari qu'elle prend pour cultiver le bien, occupe un rang intermédiaire entre celui de maître et de valet de ferme : il n'y a, du reste, pas de mot propre en basque qui exprime la relation du mari vis-à-vis de sa femme. Nous rappellerons, dans le courant de ce volume, certaines particularités des fors sur la constitution de la famille.

Mais, avant d'aller plus loin, nous devons dire quelques mots au sujet de l'énigme qui semble insoluble de l'origine de la race Basque. Plusieurs hypothèses ont été émises. On a vu chez les Basques les descendants des « rescapés » de l'immense naufrage où est venu s'effondrer dans les flots de l'Atlantique, un continent tout entier, celui de l'Atlantide. Les Basques seraient de la race des Atlantes. D'autres auteurs, en présence des découvertes dans les tombeaux de la haute Egypte, de squelettes d'une très grande antiquité, avaient rattaché les Basques à des gens que l'on avait désignés sous le nom de « New race ». Cette hypothèse doit, sans aucun doute, disparaître depuis les études de M. de Morgan sur les

tombeaux découverts à Négadah, qui semblent établir que la race que l'on regardait comme celle des
envahisseurs de l'Egypte, après la sixième dynastie,
doit être reportée à l'époque néolithique, à l'homme
préhistorique. Les Basques sont-ils de la grande
famille humaine qui s'est établie sur le pourtour de
la Méditerranée ? Doit-on les considérer comme les
frères des Touaregs du désert, comme des cousins
germains des Etrusques, des Cantabres, des Cartha-
ginois ? Faut-il, avec le comte de Charencey, retracer
leur long exode depuis le pays des Finnois, des
Lapons jusqu'aux Pyrénées, à travers les continents
asiatiques, s'enrichissant à chaque étape de leur vie
pastorale d'usages, de mots qu'ils adoptèrent jusqu'à
l'arrivée dans un pays qui leur parut plus beau,
plus doux à habiter qu'aucun autre ; le pays enchan-
teur des riantes vallées des Pyrénées qui fut pour
eux la possession convoitée pendant de longs siècles
de la « Terre promise » ? M. Julien Vinson, l'éminent
linguiste de l'Ecole des Langues orientales, se rattache à une hypothèse différente qu'il a faite sienne
pendant son séjour à Bayonne, comme Garde
Général des Eaux et Forêts. Pour M. Vinson, qui
approfondit le problème à l'aide de sa connaissance
extraordinaire de la langue euscarienne, les Basques
ne viennent de nulle part autre que de chez eux,
c'est-à-dire qu'ils seraient une race autochtone. Dans
son livre : *Les Basques et le pays basque*, voici ce
qu'a écrit le savant auteur : « Il est infiniment probable que les Basques n'ont jamais été, aux époques
les plus reculées, qu'une tribu peu nombreuse, can-

tonnée dans quelques vallées des Pyrénées occiden-
tales, dont l'état de civilisation était des plus rudi-
mentaire. Du moins leur langage, à en juger par le
basque moderne, était très pauvre : pas d'expressions indiquant des idées abstraites : point de
« Dieu », de « roi », de « loi » ; point ou très peu
d'ustensiles domestiques ; pour armes une « hache »
dont le nom « haïzkora » dérive peut-être du mot
« haïtz » « pierre, rocher ».

M. Bladé, *Etudes sur l'origine des Basques*, après
de nombreuses objections qu'il accumule contre la
pureté de la race euscarienne, note que les Basques
sont aujourd'hui regardés, par l'immense majorité
des savants, comme les héritiers des Vascons qui se
rattacheraient eux-mêmes par un lien non moins
légitime, aux Ibères, dont on fait volontiers la
population primitive de l'Espagne. Quand il s'agit,
au contraire, de déterminer l'origine de ces Ibères,
l'accord fait place à la plus complète division. Ici,
plusieurs hypothèses prennent place, dont quelques-
unes sont de haute fantaisie :

I. Les Basques descendent du patriarche Tubal ou
de son neveu Tarsis (Saint-Jérôme, d'après Josèphe).

II. Les Basques sont les mêmes que les Ibères du
Caucase. Identité qui ne repose que sur des textes
tirés de Strabon ou de Pline.

III. Les Basques se rattachent aux populations
africaines, c'est l'opinion de Chaho et d'Antoine
d'Abbadie.

IV. La langue basque est un idiome sémitique.

M. Eichoff affirme, sans en fournir aucune preuve,

que les ancêtres des Basques sont venus de la région des langues chaldéennes en suivant le littoral de l'Afrique septentrionale.

V. Les Basques se rattachent à la famille aryenne. Chaho qui compare le basque au sanscrit, ne s'appuie, pour soutenir son opinion, que sur des analogies de glossaires.

VI. Les Basques se rattachent au groupe Touranien, c'est-à-dire qu'ils seraient de la même famille que les Finnois et les Samoyèdes. L'allemand Rasse prétend que les Basques ne sont que des Finnois et c'est l'opinion de Bergmann, professeur à la Faculté des lettres de Strasbourg, que les Basques sont venus des rives de la Baltique.

VII. Les Basques se rattachent aux Américains primitifs.

Carl Vogt serait le premier anthropologiste qui ait accueilli cette hypothèse après les études de crânes basques du cimetière de Zarauz dans le Guipuscoa, études du Dr Paul Broca. C'est l'hypothèse d'une Atlandide qui aurait relié la Floride à notre continent. M. de Humboldt s'est plu à trouver des ressemblances entre l'Euskara et les langues primitives de l'Amérique. Antoine d'Abbadie ne contredit pas ces assertions, mais il se garde de conclure. Le comte de Charencey a également étudié les affinités du basque avec les idiomes canadiens, iroquois, lénapès, algonquins.

Au milieu de toutes ces suppositions auxquelles il conviendrait d'ajouter l'affirmation de certains abbés qu'Adam et Ève parlèrent euscarien dans le paradis,

M. Vinson a procédé par voie d'élimination et, constatant l'insuffisance des preuves, il en est arrivé à l'hypothèse d'une race autochtone que nous avons exposée plus haut.

Ainsi la langue que parle la petite nation pyrénéenne, n'apporte pas de solution indiscutable au problème de son origine : la littérature de ce peuple est trop sommaire pour qu'on lui demande des éclaircissements et, tandis que chez d'autres nations, les pierres parlent, les rochers sont couverts de signes épigraphiques, documents historiques indestructibles, ici, les pierres se taisent et les rochers sont muets. Mais qu'importe une question d'origine, question toujours douteuse et obscure dans les familles comme chez les peuples ; ici, une famille se rattache au patriarche Noé et affirme avoir eu ses parchemins préservés dans l'arche et sauvés des eaux ; là, un peuple se dit fils d'un loup ou d'un cheval ou d'un levrier ou d'hommes géants. Certains savants nous font remonter à l'anthropopithèque, l'homme singe dont ils croient sans cesse retrouver le précieux tibia dans un terrain tertiaire. Contentons-nous, au sujet des Basques, puisque le mot de l'énigme n'est pas trouvé, de dire que leur pays est charmant entre tous, que les habitants sont d'honnêtes gens dont l'accueil est cordial ; que les routes sont bonnes et favorables à l'automobilisme ; que les frontières au Sud, à l'Est à l'Ouest, s'ouvrent sur l'Espagne et qu'aucune excursion ne saurait être plus intéressante qu'une course vers l'Espagne à travers le pays basque. Là est la question pratique et

nos souvenirs recueillis sur place fourniront assez de
couleur locale au touriste pendant les vacances,
pour qu'il pénètre Français dans notre région doucement montagneuse et qu'il en sorte Basque basqui-
sant, le makhila au poignet, le béret sur le chef, les
reins serrés dans la ceinture rouge, les pieds chaussés
d'espargattes, espadrilles ou alpargattes. Aussi le
sage ne s'embarrasse pas de problèmes qui fatiguent
l'esprit et tout en regardant voler sous ses yeux le
riant paysage, il se chantera à lui-même sur le mode
enjoué, le « carpe diem » oraison agréable aux
saints protecteurs de l'enivrante vitesse. Nous indi-
quons ci-après un petit manuel de la conversation
à l'usage des chauffeurs et quelques indications
d'agréables itinéraires.

PETIT VOCABULAIRE DU CHAUFFEUR

EN FRANÇAIS	EN BASQUE
Je vous demande pardon (Politesse pour commencer une phrase)	Barkhatu
La route qui va à X... est-ce { à gauche / à droite / tout droit	Zeinda bidea { ezker / eskuin / chuchen chuchena
Pour aller à X... la route est-elle.............. { bonne / mauvaise / passable / large / étroite / dangereuse / très fréquentée	X... coyoaiteco bidea { ona / gachtoa / aski ona / largoa / hertsia / lanyerosa } dea Phasatzen dea anhitz yende eta carrosa

X... est-il loin d'ici { loin / très loin	Urrun dea hemendik { urrun / biziki urrun
X... est-il près d'ici { près / tout près	Hemendik hurbil { hurbil / biziki hurbil
Dans un village	
Voudriez-vous m'indiquer un homme qui parle français	Badea norbait fransesa dakienik, plazer-baduzu
Dans quelle maison ?	Zoin etchetan ?
En cas de panne	
Pourriez-vous me procurer un attelage pour tirer l'automobile ?	Bilhatzen ahal daitazia behi edo idi pare bat otomobilaren tiratzeco ?
Y a-t-il un village près d'ici ?	Badea herririk hemendik hurbil ?
Veuillez m'y conduire	Lagunt nezazu hararaino

Y a-t-il { un forgeron ? un épicier ? un hôtel ?	Badea { harotzik ? botigarik ? ostaturik edo hôtelik ?
Menez-nous y	Guida gaïtzazu
Où y a-t-il { un marchand d'essence ? un garage ? un homme qui possède une auto-mobile?	Nunda { ezantza saltzalea ? otomobil baten lekhia ? otomobila duen norbait?
En cas d'accident	
Allez chercher du secours	Zoazi laguntza bilha
Allez chercher un médecin	Zoazi mediku baten bilha
Conduisez-nous à une pharmacie	Lagunt gaïtzagu farmazia batetarat
Aidez-nous à porter le { jusqu'à la pharmacie blessé . . . . { jusqu'à la maison	Lagunt gaïtzagu colpatuaren farmaziat eta gero etcheat eremaiten

ITINÉRAIRES

Vallée de Baïgorry route des Aldudes. Sources de la Nive ; par les Aldudes. Roncevaux et retour par Saint-Jean-Pied-de-Port. Route du Col de Ispéguy. Ascension du pic de Hausa. Descente sur l'Espagne. Elissonde et Pampelune : retour par Cambo ou Fontarabie. Ascensions de la chaîne de Bustanxelhay, du Mont Baïgoura, du Yarra. Descente sur Ossés :

Vallée de Saint-Jean-Pied-de-Port, course à Esterençuby et sources de la Nive-de-Saint-Jean : course à Ahusqui et descente par Tardets et Mauléon ; magnifiques forêts à parcourir ; route de Saint-Jean-Pied-de-Port à Mauléon par le col de Ausquiche ; ascension du pic d'Ory ; route de Mauléon à Oloron : Sauveterre, Saint Palais.

Les quatre vallées de Baïgorry, Saint Jean-Pied-de-Port, Tardets et Mauléon rivalisent de pittoresque et de fraîcheur ; elles sont sillonnées par des Nives ; encadrées de montagnes, elles offrent au touriste le calme et une solitude relative et le bien-être d'un air pur qui réconforte et qui vivifie.

PREMIÈRE PARTIE

PREMIÈRE PARTIE

LA FEMME

LA FEMME

I

LE MARIAGE. — LA MORT. — LA MENDIANTE

Lorsque le Basque est étonné par la vue de quelque chose d'inusité et de bizarre, il emploie un proverbe que l'on peut traduire ainsi : « Celui qui veut voir de drôles de choses doit venir dans ce monde. »

Nous pourrions parfois placer à propos ce proverbe en écoutant raconter certaines vieilles légendes du pays basque, en constatant la persistance d'usages dont on a de la peine à découvrir la raison d'être et l'origine. Les personnes très âgées parlent avec un respect superstitieux de ces coutumes qui sont restées dans leur souvenir comme des extensions de leur foi religieuse. Il en est ainsi, en France, de Saint-Jean-Pied-de-Port, Mauléon, Saint-Palais, jusqu'aux rives de la Bidassoa, en Basse Navarre. Soule et Labourt et en Espagne, dans les populeuses provinces de la Navarre et du Guipuscoa, sur les deux versants des Pyrénées, là où s'étend en longue bande le territoire qu'occupe le peuple basque.

Chez les Basques, nous venons de le dire, la transmission de la propriété se fait en faveur de l'aîné, garçon ou fille. L'héritier avantagé légalement du quart est, bien entendu, dans l'obligation de désintéresser ses co-héritiers pour pouvoir garder la totalité du bien de famille. Cette obligation est une source intarissable d'embarras d'argent, d'expédients, de gêne, de pauvreté, Pour s'en tirer, l'héritier ou l'héritière cherche à épouser une dot, quelques milliers de francs, qui vont alléger d'autant la dette contractée vis-à-vis des frères et des sœurs. Mais cette petite somme ne suffit pas et souvent il faut que le mari ou les fils s'ingénient pour sauver la situation ; ils s'expatrient, deviennent bergers dans la République Argentine ou en Californie, et ne rentrent chez eux, après plusieurs années d'exil, que lorsqu'ils peuvent, grâce aux bénéfices que leur ont donnés les troupeaux de bœufs et de brebis sur la terre d'Amérique, dégrever le bien et désintéresser leurs créanciers.

C'est le jour de marché, sur la place du village, que jeunes gens et jeunes filles font connaissance ; si de part et d'autre la fortune semble satisfaisante, les parents consentent au mariage et font la demande officielle. L'héritière a recherché chez le jeune homme qu'elle veut épouser, les qualités d'un bon laboureur. Elle a besoin de s'assurer les services d'un brave travailleur, car c'est à son mari qu'elle va confier le soin de cultiver ses champs et de soigner son bétail, et de préférence elle jettera son dévolu sur un homme qui aura, comme valet de ferme chez quelque grand propriétaire du pays, acquis des connaissances pratiques en agriculture.

En retour de l'apprentissage agricole qu'elle exige de son futur mari, elle tient à lui prouver qu'elle a, comme maîtresse de maison, des aptitudes sérieuses. Elle s'est placée elle-même pendant un ou deux ans comme servante dans une maison riche à Bordeaux, à Saint-Jean, à Biarritz, à Bayonne. Tous les samedis son fiancé vient passer la soirée avec elle, et elle lui prépare à souper. Châtaignes rôties, lait de brebis caillé, fromage, œufs aux tomates sur une tranche de jambon frit qui s'intitule une *chingara*, galette de farine de maïs, qu'on nomme des *talouas*, et pain de maïs ou *mélure* ; elle lui offre un vrai festin. Elle y met de l'amour-propre, elle veut qu'il apprécie ses talents culinaires. Le moment du mariage s'approche, on songe à se procurer les meubles, la corbeille et le trousseau. Le jeune homme commande chez le menuisier l'armoire, le lit, une table, des chaises ; il achète la robe de cachemire noir qui servira de robe de noce : c'est lui qui doit également payer l'anneau de mariage, une broche en or, les boucles d'oreilles, une chaîne de cou à l'extrémité de laquelle est accroché un médaillon.

Depuis longtemps la jeune fille a mis en réserve une pièce de belle toile qu'elle a filée elle-même dans les veillées d'hiver, avec le lin récolté sur sa terre. Dans cette pièce de toile, elle taille une dou-

zaine de chemises pour le trousseau de son fiancé.
Ce seront les chemises de travail. Elle fait coudre
pour le jour du mariage, une plus belle chemise en
toile très fine et très blanche, qu'elle orne d'un
bouton en or pour fermer le col. C'est elle qui doit
faire les frais des rideaux du lit et fournit les ustensiles de toilette de son futur ménage. C'est à la ville
voisine, chez le marchand de nouveautés le plus en
renom, que la corbeille et le trousseau sont achetés.
Les fiancés s'y sont rendus accompagnés de la mère
de la jeune fille et de la couturière. La couturière
est le personnage important ; son rôle est de dis-
cuter les achats, de conseiller, de juger. On ne
décide rien sans sa haute approbation. Elle a droit
à tous les égards ; aussi le marchand lui offre-t-il
en cadeau une robe de laine noire, et il l'invite au
repas qu'il a préparé pour les fiancés et pour leur
mère, repas qui est l'heureuse conclusion des brillantes affaires qu'il vient de traiter. On dîne donc
ensemble chez le marchand, et, après le dîner, l'on
s'en retourne à pied, à cheval ou à dos de mulet.

Pour rentrer à la maison, il faut marcher pendant
plusieurs heures et monter la montagne qui est
abrupte. On s'étonne des courses que peuvent faire,
dans le pays, de vieilles gens et des enfants pour
aller à l'église ou pour suivre l'école.

L'habillement de noce du fiancé se compose d'une
veste ronde de drap noir, laquelle flotte sur une
ceinture de laine rouge et s'ouvre largement pour
laisser voir le gilet d'étoffe rouge et la blancheur
éblouissante de la chemise ; un béret bleu sur la

tête, et aux pieds les chaussures de toile blanche, à semelles de chanvre, sont les compléments du costume. Jadis on portait des culottes courtes de velours, et on voyait s'échapper du béret de longs cheveux bouclés qui tombaient sur les épaules. Les cheveux sont devenus courts et les culottes se sont allongées en pantalons. La fiancée porte la grande mante noire ornée de dentelles dont elle s'enveloppe en entier, et, chose bizarre, pour se marier, elle met plusieurs robes les unes sur les autres, parce que paraît-il, la bénédiction nuptiale a la vertu de préserver, de purifier et de sanctifier les vêtements que l'on porte ce jour-là. La bénédiction du prêtre les met à l'abri des sortilèges. Or la sorcière, en pays basque, joue un rôle important ; on la redoute, on connaît son pouvoir ; elle fait boiter les chevaux, elle jette le mauvais sort sur le bétail ; elle rend ses victimes, hommes, femmes et enfants, malades de consomptions étranges et terrifiantes. Ah ! certes, il fait bon se rendre invulnérable par des vêtements à l'épreuve de la méchanceté diabolique.

Quarante-huit heures avant le jour fixé pour le mariage, il est d'usage que le fiancé envoie chez sa fiancée la corbeille et les objets qui constituent sa dot. Plus il est riche, plus il possède d'objets, plus il emploie de charrettes pour transporter son ménage. Les charrettes sont attelées de vaches sous le joug. Elles s'alignent sur la route au nombre de 2, 3, 4, d'après les richesses de leur propriétaire. L'arrangement des charrettes est une œuvre d'art ; les meubles se présentent en façade sur les côtés ;

les matelas sont empilés au milieu pour donner une
apparence plus fournie ; quand les charrettes sont
chargées, l'on forme le cortège selon certaines règles
et l'on se met en marche, montant et descendant,
par les chemins de montagne, traversant les villages,
sous les yeux des habitants ébahis qui se hâtent
d'accourir aux fenêtres et sur le pas de leur porte,
pour admirer le défilé.

La première chose qui attire les regards, c'est un
superbe mouton blanc. Un jeune homme le tient en
laisse et ouvre la marche. Les cornes de l'animal
sont dorées ; des rubans et des banderolles de couleur flottent sur sa toison, et au cou il porte une
grosse cloche que l'on nomme bouloumba, à cause
du grand bruit sonore, bou-lou, bou-lou, par lequel,
pendant la marche du cortège, il semble qu'on aver-
tisse les gens de venir regarder. Après le mouton,
s'avancent cinq à six jeunes filles : celles-ci portent
avec grâce et assurance, sur la tête, de grandes corbeilles rondes en osier. Le rebord des corbeilles est
garni de serviettes à bordure rouge et bleue. Sur les
serviettes, on a placé avec soin des pains, des bou-
teilles de vin, des liqueurs et de hauts gâteaux en
forme de clochers tout garnis de fleurs. Ce sont des
provisions que les amis de la fiancée apportent pour
le repas de la noce ; les charrettes viennent ensuite
les unes devant les autres ; sur la plus haute des
charrettes on a juché la couturière ; elle trône sur la
pile des matelas : elle va veiller à l'arrangement de
la chambre nuptiale et monter les rideaux du lit.
Quant au beau mouton blanc, est-il besoin de le

dire? Aussitôt arrivé à destination, il est cruellement égorgé, devant figurer rôti sur la table le surlendemain.

Tous ces préparatifs menés à bien et heureusement terminés, le jour du mariage, les amis vont en troupe chercher le fiancé dans sa maison et le conduisent chez la future, qui, de son côté, est entourée de ses compagnes. L'église est quelquefois à une heure de marche, en bas dans la vallée. Les gens de la noce descendent à dos de mulets. Les mulets sont parés avec coquetterie, les brides ornées de cuivre, sont chamarrées de pompons aux vives couleurs. Sous les selles, on a mis de grandes couvertures aux teintes éclatantes que terminent de longues franges. Rien n'est plus pittoresque que de voir défiler le long des bois, par les contours de la route qui serpente entre les rochers, la longue escorte des futurs jeunes mariés. On sent qu'une noce, chez ces gens, est vraiment une fête pour leur cœur simple : il semble alors que la nature même ait voulu s'unir à leur joie en se faisant pour eux plus pittoresque et plus belle encore par la fraîche verdure de ses beaux arbres, ses clairs ruisseaux au gai murmure, les couleurs chatoyantes des fougères et des bruyères sur le flanc des montagnes.

Une noce, autrefois, durait trois jours pleins et l'on ne craignait pas de s'y rendre de dix lieues à la ronde ; les repas en sont la principale affaire : ils durent tout l'après-midi. On se met à table au retour de l'église. A la fin de la journée, les mariés se lèvent de table et on forme la farandole. Le garçon d'honneur la conduit ; les invités se tiennent les uns les autres par leurs mouchoirs ; un violon les accompagne et ils s'en vont ainsi, dansant par les rues du village, l'air parfaitement heureux. Le marié doit déjà pâtir : il est relégué sur les côtés de la farandole, il marche tout seul et porte sous chaque bras, avec une résignation touchante, une bouteille de vin. Il tient un verre à la main, et à chaque passant qu'il rencontre, son devoir est d'offrir un verre de vin. Or, on ne se fait pas faute d'user de sa bonne volonté. Pendant que les gens de la noce dansent, il verse à boire de l'air d'un homme bien ennuyé de son rôle ridicule. Après avoir fait plusieurs fois le tour du village, la farandole entre pour se reposer et se rafraîchir à l'auberge ; les cavaliers servent à leurs danseuses des verres d'eau sucrée et des sirops, chose très appréciée dans le pays. Vers dix heures, on revient à la maison toujours chantant et dansant ; le souper est servi. On se remet à table, on soupe, puis, après souper, on achève la nuit dans les danses au son du flageolet et de l'instrument que les Basques appellent le chiroulire, qui est une sorte de petite guitare sur les cordes de laquelle on frappe avec un bâton.

A partir du jour où il habite sa nouvelle maison, le marié perd son nom de famille. On ne le désigne plus que sous l'appellation de la demeure dont il est devenu le maître, de sorte que, par le fait, chez les Basques, c'est la femme, lorsqu'elle est héritière, qui donne son nom à son mari ; ce n'est pas le mari qui donne son nom à sa femme.

D'ailleurs, M. Eugène Cordier qui a beaucoup étudié le droit des provinces basques, remarque qu'une faveur singulière entoure les jeunes ménages, c'est-à-dire ceux des aînés, fils ou filles qui se marient. Dans les trois coutumes basques de France, Basse-Navarre, Soule, Labourt, la dot du conjoint est remise aux parents, et ceux-ci doivent aux nouveaux époux la moitié divise des propres de la famille sur laquelle ils perdent tous leurs droits.

La dot entre les « *Rustiques de Soule* » était acquittée, jusqu'au XVIIIe siècle, moitié en argent, moitié en bon bétail « *bouvin* » à dire d'experts. Plus anciennement, l'argent était rare, nous savons par le texte d'anciens contrats de mariage qui remontent au XVe siècle, que les dots étaient presque exclusivement en bétail.

Pour compléter le tableau de ces anciens usages, nous devons ajouter que les cadets n'avaient rien à prétendre des biens de famille ; leur devoir était d'abord de rester dans la famille, d'y travailler, d'y servir, sans quoi ils perdaient leurs droits si faibles déjà ; les cadets étaient donc, en réalité, des domestiques sans gages, dans leur propre maison, tant qu'ils n'étaient pas mariés.

Les obligations des puinés des deux sexes, à Barège, les faisaient désigner sous le nom d'*esclaves* ; s'ils quittaient leur maison natale sans le consentement de l'héritier, ils devaient ensuite, pour obtenir leur légitime, rapporter les profits qu'ils avaient faits au dehors.

Dans les maisons basquaises, nous retrouvons les

traces de toutes ces anciennes coutumes : la famille habite autant que possible sur la terre patrimoniale : les frères, les sœurs, les oncles, les tantes, restent attachés à la propriété et travaillent avec les héritiers ; le même toit les abrite tous ; la nourriture auprès du feu de la cuisine est partagée entre tous. En Soule, s'il n'y avait dans la maison qu'un lit, les héritiers en se mariant prenaient possession de la couche unique ; les vieux parents et autres personnes se logeaient dans la grange comme l'on pouvait, et l'on dormait sur le foin destiné au bétail. On n'en dormait pas moins bien après les durs travaux de la journée.

Si le mariage est bien caractéristique chez le peuple basque, la mort et les cérémonies qui suivent la mort sont non moins intéressantes.

On accepte la mort avec héroïsme. Du reste, chez tous les peuples agricoles qu'un commerce incessant avec la nature habitue à accepter l'inévitable mort comme la loi commune, on meurt facilement.

Les Basques ont conservé cette simplicité. Lorsque la mort survient, elle ne les surprend pas ; ils l'accueillent sans trouble, sans apparat et sans phases. Leur foi enfantine, résignée, leur laisse peu de regrets d'une vie qui leur a été rude et qu'ils vont échanger contre les choses meilleures. Avec soumission à la volonté de Dieu, ils disent en présence de la mort : « Ce que Dieu voudra ». Ils ne se révoltent pas contre la destinée fatale,

Voltaire a défini les Basques : « Un petit peuple

qui saute et qui danse au haut des Pyrénées » : sauteurs et danseurs savent, à leur heure, être des stoïques.

Il serait aisé de multiplier par des exemples frappants, les preuves de leur sang-froid au moment du délogement.

Gachina, la veuve de Manech, maîtresse de la maison Curutcheta, est tombée gravement malade. On a attendu pensant qu'elle allait se remettre, mais l'amélioration n'ayant aucunement l'air de se manifester, on s'est décidé à appeler le médecin. La maison, avec son champ, sa prairie et ses bois, est située sur le penchant de la montagne, à une altitude de 5oo mètres au moins au-dessus de la vallée. Le chemin qui y conduit est long, rocailleux : un mulet y passe avec peine ; les secours, en conséquence, sont pénibles à se procurer. Le médecin avait d'autres malades ; il n'est venu qu'à la seconde ou troisième invitation. C'était trop tard ; il a dit à la famille qu'il n'y avait plus d'espoir, qu'il était inutile qu'il revînt

Chez les paysans, on est philosophe. Le médecin parti, la femme du fils aîné s'est approchée du lit de sa belle-mère et d'un ton à peine plus grave qu'à son ordinaire. elle lui fait la lugubre communication :

« Vous êtes bien malade, ma belle-mère, vous avez une très forte fièvre ; dans quelques jours vous n'aurez peut-être plus toute votre lucidité d'esprit ; il vaudrait mieux faire tout de suite ce qu'il vous reste à faire. Vous avez d'autres enfants que Peyo, mon mari, et vous avez promis d'arranger les choses en notre faveur. »

La pauvre Gachina n'a que trop compris. Elle regarde droit dans les yeux de sa belle-fille, mais ni l'une ni l'autre des deux femmes n'éprouvent un instant de défaillance. Il faut bien mourir une fois : c'est la volonté de Dieu !

On court chez le notaire, on court chez le curé ; bientôt, au contentement de la famille, les affaires temporelles et spirituelles de la mourante sont en règle.

Vers le soir, une voisine qui, de temps à autre, avait veillé Gachina, monte pour lui dire adieu.

« Ah ! voisine ! je vous remercie de vos soins », lui dit Gachina d'un ton affectueux, « mais surtout ne manquez pas de venir à mon enterrement ».

La belle-fille qui assiste aux adieux, ajoute d'un air satisfait :

« Oui, oui, soyez sans inquiétude, ma mère, nous vous ferons tous les honneurs ».

Alors, Gachina se souvient que le lendemain c'est le jour de marché. Elle retient sa belle-fille et lui recommande de ne pas manquer d'aller au village se fournir des provisions que reud indispensables l'événement qu'il faut prévoir. Elle n'oublie rien, ni le boucher, ni le boulanger. Pour le repas des funérailles, elle veut que les invités aient du café, elle commande les cierges, la bougie filée et les aunes de ruban noir. Ces rubans serviront à lier ses pieds, ses mains et son visage lorsqu'elle sera morte.

En effet, le lendemain, la bru exécuta les ordres

qu'elle avait reçus. Il s'agissait de ne rien épargner, car la maison était ancienne et considérée. A son retour du marché, sa belle-mère respirait encore. Elle monta doucement l'escalier, sur la tête sa corbeille ronde garnie de vivres et d'objets funèbres ; elle s'approcha du lit et présenta ses emplettes. « Voyez, ma mère », dit-elle sans embarras et presque sans émotion, « voyez ceci et encore ceci... je l'ai acheté chez un tel... je l'ai payé tant. Etes-vous contente ? Maintenant mourez tranquille, vos honneurs seront bien faits. »

Et à mesure que le contenu de la corbeille s'étale sur le lit, on voit comme un éclair de satisfaction errer sur le visage livide. Puis une idée traverse l'esprit de Gachina ; elle fait comprendre qu'elle veut parler. Son fils s'approche, et lorsqu'elle sent l'oreille à portée de sa bouche elle dit :

« Peyo ! promets-moi, le jour de mon enterrement, de me couvrir de ma belle mante de mariage ».

Ce furent ses dernières paroles. Le roi des épouvantements était entré dans le demeure de la veuve de Manech et y avait fait son œuvre. Mais quel calme pour le recevoir, quelle résignation pour l'accueillir ! Puissent les Basques conserver parmi eux la tradition de ce superbe sang-froid qui est à leur plus grand éloge !

Catherine, dite la « noire » (1) ou la « doyenne »

(1) Récit de l'*Escual-Herria* ; ce journal basque fondé à Bayonne en 1892 porte en exergue les mots : Bethi aitzina,

était la plus vieille des bohémiennes du pays basque et on la considérait comme la reine des bohémiens. Elle vint à mourir âgée de 82 ans, dans le village de Iholdy ; elle était née en 1817, dans une commune voisine où les bohémiens de la région venaient volontiers s'établir ; cette Catherine avait une physionomie à part ; elle était la terreur des petits enfants par la rudesse de ses traits ; on racontait qu'elle avait subi cinq condamnations pour délits de vols, vagabondage, mendicité. Selon l'habitude de ses compatriotes, elle usait de menaces pour se faire donner les vivres dont elle avait besoin ; lorsqu'elle se présentait à la porte d'une maison, elle demandait qu'on lui donnât du pain, des légumes secs et elle ajoutait : « ou autrement, vous aurez affaire à moi ».

« — Autrement que ferez-vous ? lui répliqua un jour une Etcheko Anderia énergique. Eh ! bien je m'en irai sans rien », fut la seule réponse que Catherine osa faire. Depuis lors, chaque fois qu'elle se

Chuchen chuchena, Dabila Uskulduna, c'est-à-dire « toujours en avant, tout droit, marche le Basque ». Le journal paraît tous les samedis ; il contient en première page des articles en langue basque : son cri de ralliement est imprimé dans un cartouche Biba beti Escual Herria ! « Vive toujours le pays basque ». Il se vend à Montevideo, Buenos-Ayres, au Chili, Bolivie, Pérou, acheté par les nombreux basques établis dans ces contrées d émigration. Ce journal a publié en 1908 des articles dignes d'être remarqués sur le devoir du soldat vis-à-vis de la patrie et le devoir des instituteurs de conserver parmi eux et dans les écoles beaucoup de discipline, de prudence et de tenue. Le rédacteur définit le mot de tenue par « la dignité de la conduite et toute la perfection morale de l'homme ».

présentait à la porte de cette ferme, elle usait d'une formule plus en rapport avec sa situation précaire et le tempérament peu endurant de la maîtresse de céans.

Elle est morte, avons-nous dit, à l'âge de 82 ans, dans une ferme isolée où elle avait reçu la veille au soir l'hospitalité que le Basque ne refuse jamais, même à la plus vagabonde des bohémiennes.

Le lendemain on s'apprêtait à la conduire au champ des morts (Hil-herria), lorsque son fils, qui habite un village voisin de l'arrondissement de Bayonne, est venu réclamer le corps de sa défunte mère.

Après l'accomplissement des formalités légales, le cercueil a été déposé dans une carriole traînée par deux bourricots : et le convoi funèbre, composé de huit à dix bohémiens des deux sexes, endimanchés pour la circonstance, s'est mis en route pour le cher berceau de la famille.

Mais là où la situation se corse tant soit peu, c'est qu'en arrivant sur une hauteur qui domine le beau village d'Iholdy, un « irrintzina » formidable répercuté par les échos d'alentour, a retenti tout à coup, jetant l'effroi et l'étonnement parmi les rares habitants de ce quartier isolé.

C'étaient les gens du convoi funèbre qui montraient ainsi à leur guise, et leur douleur de la perte qu'ils venaient d'éprouver, et la joie d'avoir franchi, sans encombre, une côte aussi raide qu'escarpée. Il est vrai qu'une bouteille d'eau-de-vie (ou de mort) qui ornait la poitrine de l'un des assistants, avait reçu *muche bat baino guehiago* (plus d'un baiser) pendant cette rude montée.

L'enterrement de Catherine L... a été sans nul doute digne de la vie et de la mort de ce paria de la société, qui répondit un jour à une maîtresse de maison qui lui reprochait un vol de poules commis quelque temps auparavant par l'un de ses fils aujourd'hui en Amérique. *Zer nahi dun pikaren umia choin* autrement dit : « Rien d'étonnant à ce que le petit de la pie soit, lui aussi, voleur ».

Aussitôt qu'un décès est certain, le premier voisin descend au village ; il avertit le sonneur de cloche, il commande l'enterrement et va chercher à l'église la grande croix de bois noir qu'il rapporte sur son épaule, pieusement, jusqu'à la maison mortuaire. A mesure qu'il gravit la montagne, le glas funèbre remplit la vallée et les hauteurs de ses sonneries lentes et lugubres. Le voisin dépose lui-même la croix à la tête du lit et se retire pour faire place à une femme dont l'office consiste à habiller les morts de son quartier.

Revenons à Gachina. Selon le vœu qu'elle avait exprimé, elle fut revêtue de sa robe de noce et enveloppée dans sa grande mante dont les dentelles du capuchon lui couvraient le front. Avec les rubans noirs on lia ses mains dans l'attitude de la prière, on réunit ses pieds qui ne devaient plus marcher et on fixa son menton. Les cierges allumés furent disposés autour d'elle, puis voisins et amis vinrent, selon l'usage, faire la veillée de la mort.

En général, au bout de 24 heures, l'enterrement a

lieu, le cortège se forme pour descendre à l'église. En tête marche le premier voisin chargé de la croix de bois. Douze hommes, voisins aussi du mort, le suivent ; chacun d'eux tient à la main un cierge allumé ; après vient le cercueil que huit porteurs qui se relayent chargent sur leurs épaules. Immédiatement après le cercueil, prennent place le clergé et le chantre. Tout le long du chemin les psalmodies de l'office des morts se mêlent au carillon des cloches dont le son, répété par les échos, monte de la vallée. Les proches parents s'avancent ensuite. Les hommes ont revêtu de longs manteaux à grands collets de velours, les femmes se sont enveloppées dans leurs mantalettas, dont les capuchons rabattus sur les visages se terminent par des voiles noirs. On arrive à l'église. Les femmes prennent place en bas, sur les dalles usées, les hommes montent dans les galeries de bois, galeries qui s'étagent jusqu'à la voûte sombre. La cérémonie a lieu au milieu d'un profond recueillement. Le cimetière entoure l'église : une fosse vient d'y être creusée. C'est là qu'on porte le cercueil ; mais aucun des amis ni des membres de la famille n'assiste à cet angoissant épilogue de toute destinée humaine. Ce n'est que lorsque tout est terminé, que les assistants entourent la famille et se rendent sur la tombe qu'on vient de fermer !

M. Henri O'Shea, dans le volume qu'il a consacré à l'histoire de la *Tombe basque* (Pau, veuve Lescudé, 1889), raconte qu'autrefois, dans le pays basque, les parents et les voisins du mort poussaient des cris d'alarme et parcouraient les rues pour rassem-

bler le monde. Ceci avait probablement pour objet
soit de venger le mort, s'il y avait eu violence, soit à
l'origine, de le défendre contre la malignité du
mauvais œil, et non moins de venir en aide à son
âme en faisant dire le plus de prières. On avait des
pleureuses qui poussaient de grands cris de détresse
et déchiraient leurs voiles. Dans quelques endroits,
d'après M. O'Shea, les amis intimes de la veuve, dès
que son mari était enterré, la frappaient violemment
dans le dos et sur les épaules en lui criant d'une voix
frénétique : « Sois perdue, tu as tout perdu ! » Pendant les enterrements, les femmes interpellaient le
mort, le plaignaient, se plaignaient elles-mêmes.
« Est-ce bien à toi de t'en aller, de nous quitter ainsi ?
Lâche qui t'enfuis, qui nous abandonne. — Que
deviendra la pauvre mère, la Magnigno ? La vieille
femme sans toi, que deviendra-t-elle ? » Ou encore :
« Donne ce baiser à grand-père. — Dis à ma tante
qu'elle prie pour moi, qu'elle prie pour que Petit
Pierre guérisse. — Dis à saint Martin que la pauvre
vache est morte et qu'il demande à Notre-Dame de
nous en envoyer une autre plus jeune et moins
lourde que celle-là. — Ah ! pauvre, que tu auras
froid ! — Ah ! pauvre, que tu auras soif ! — Ah !
pauvre, que tu auras faim !... »

Après la cérémonie religieuse et l'ensevelissement,
la famille et les amis rentrent dans la maison mortuaire ; un repas copieux les y attend. Dans les temps
antiques, ces repas avaient lieu peut-être, soit dans
les églises elles-mêmes, auprès du tombeau, soit
dans les cimetières. On paraît y avoir sacrifié des

animaux et, en 1766, d'après le Père Larramendi, il était encore d'usage, dans le Guipuscoa, en Espagne, d'amener à la porte de l'église, vers la fin d'un enterrement, soit un bœuf, soit un veau, qu'on conduisait à l'abattoir après en avoir donné la valeur aux prêtres officiants.

A la maison, le repas se prolonge. Plus il est abondant, plus la mémoire du mort s'en trouve honorée.

A la fin du repas, avant de quitter la table, il est d'usage que l'homme le plus considéré de l'assistance se lève et dise le *De profondis*. Les convives debout et bérets à la main, le répètent avec lui. C'est l'acte qui clôt les funérailles après lequel on se sépare et on retourne à ses travaux.

A l'église, pendant une année entière, on allume, à la mémoire du défunt, à la messe du matin, ces longues bougies filées, sortes de gros rats-de-cave en cire. souples, enroulés dans une corbeille ronde que l'on laisse à l'église. La benoîte, c'est-à-dire la femme qui lave les linges du culte et range le sanctuaire, est chargés du soin d'allumer les bougies.

Après un deuil, la famille reçoit de ses amis et de ses connaissances, des dons en argent plus ou moins considérables. Cet argent sert à dire des messes et fournit au clergé des ressources qu'il ne dédaigne pas.

A propos de la mort, nous avons encore un mot à dire des cimetières basques. Ils sont généralement très négligés ; les mauvaises herbes y abondent, les tombes sont pressées les unes contre les autres, les nouveaux morts chassent de leur couche ceux qui les ont précédés dans le dernier sommeil. Ils ne ressemblent en rien à nos cimetières parisiens, si bien tenus, où les tombes sont ornées, soignées et fleuries, ni aux jardins mortuaires des pays du Nord. Mais ce qui les rend très curieux pour les visiteurs, c'est leur ancienneté. On y voit de très vieilles tombes marquées par des stèles arrondies. Ces stèles dressées, à moitié enfouies sous l'herbe, portent des signes gravés sur la pierre ; ces signes rappellent diverses figures géométriques d'une antiquité incontestable, que l'on retrouve en Orient, vestiges peut-être du culte du feu, symboles par lesquels on est conduit à supposer que l'origine du peuple dont nous nous occupons se perd dans la nuit des temps.

Nous nous garderons pourtant d'affirmer que le culte du feu fut, à l'origine, la religion des Basques primitifs. Ce serait commettre une grande imprudence de conclure sans plus de preuves tandis que certains savants inclinent vers l'hypothèse d'un culte de la Lune. Peut-être ? Bien des points d'interrogation doivent se poser encore : les preuves, les documents font défaut. Tout au plus peut-on admettre un raisonnement qui, paraît-il, est très généralisé chez les primitifs. La lune a droit, disent ces simples, à un hommage tout particulier, puisqu'elle rend à l'humanité un service que ne lui rend pas le soleil : le service de l'éclairer pendant la nuit. Un très ancien nom qui désignerait la lune en basque et l'usage du mois lunaire apporteraient quelques arguments à cette thèse. Mais d'autres savants disent tout simplement que les Basques, avant d'être évangélisés, n'avaient aucune religion.

Les coutumes qui accompagnent en pays basque les mariages et la mort, nous ont permis d'entrevoir le rôle important que joue la femme au milieu de l'antique population des Euscariens. M. O'Shea cite l'opinion du Révérend Webster qu'autrefois, dans le pays, ce n'était pas le prêtre qui intervenait pour la validité du mariage ou la constatation des naissances et des décès : c'étaient des femmes d'une certaine catégorie, appelées en Navarre « *chandras*, » « *echandras* » « *echaun* » noms qui proviennent d'Etcheko-Anderia, dame de la Maison (Etcheko de la maison Anderia dame, seigneuresse.)

Il paraîtrait — nous l'avons déjà dit en rapportant un récit de Plutarque — que les femmes étaient réellement investies de prérogatives en relation avec la justice et formellement chargées d'attester la bonne foi de certains actes, d'assister avec les parents, à la naissance des enfants et dans tout ce qui se rapportait aux funérailles, aux décès, à la veillée des morts.

Dans le canton de Tardèts, en Soule, on brode dans chaque maison une magnifique chemise destinée au premier membre de la famille qui mourra ; la plus vieille travaille à ce vêtement qui, parfois, sera son linceul ; le mort ainsi paré, la tête découverte, les mains jointes et tenant un cierge, est exposé dans une chambre remplie de fleurs ; souvent, lorsque c'est une femme et même une vieille femme, on l'enveloppe entièrement de voiles de tulle blanc ; un voile lui recouvre la figure ; autrefois, paraît-il, on portait le mort sans bière à l'église. Là, les parents lui donnaient un dernier baiser. On l'inhumait en le couvrant de pierres et de terre, mais actuellement, on a des cercueils et c'est le cercueil qu'on emporte à l'église.

Ajoutons que, de tout temps, le Basque a su mourir. On a vu, dans les luttes civiles, les soldats de Zumalacarrègny fusillés par les Cristinos, tomber fièrement aux cris de « Vive les Fueros et Charles V ! »

Aux funérailles, les femmes précédaient les hommes et formaient ce qu'on appelle *Seguicia* (la suite). Elles étaient les pleureuses et poussaient de grands cris. Aujourd'hui encore, comme à ces époques lointaines, elles portent de longs manteaux noirs ou *Mantalettas* ; celle qui conduit le deuil se distinguait autrefois de ses compagnes, par un grand tablier blanc. Les Hittites, probablement les Phéniciens, ne sortaient que vêtus de manteaux noirs. Le noir fut toujours, remarque M. O'Shea, la couleur nationale des Ibères et, sans doute, des Basques, qui l'adoptent encore aujourd'hui pour leurs vêtements de cérémonie, dans les circonstances importantes de leur vie.

II

LA BASQUAISE. — SON ENDURANCE. — SA VIE CONJUGALE.
SES TRAVAUX AGRICOLES. — SES SOINS COMME MÈRE
DE FAMILLE. — LES VIEILLARDS. — LA RÉCOLTE DE
LA FOUGÈRE ET DE LA CHATAIGNE.

La Basquaise porte sur ses traits accentués, bien
dessinés et fins, dans l'élégance de sa taille, la finesse
des membres, les preuves de la noblesse de sa race.
Sa physionomie est vive, intelligente ; elle est plus
susceptible de gagner en distinction, par la fréquen-
tation des personnes bien élevées, dans ses façons,
son langage, ses manières, que l'homme du pays :
elle est moins paysanne que son mari ; cependant,
elle est tout aussi robuste que lui, Elle est aussi sur-
prenante que lui par ses marches en plaine et dans la
montagne ; on a connu des Basquaises que leur métier de commissionnaire a forcées, pendant 25 ans, à
faire presque tous les jours, des courses de 5o kilomètres à pied, chargées de paquets. On a vu une fois
deux jeunes filles, pour gagner quelques francs,
porter au village, des lièvres pris au lacet à 25 kilomètres de leur demeure, en hiver, à travers une
neige épaisse dans laquelle elles enfonçaient à chaque
pas. On cite certaines paysannes qui luttaient à
la paume contre les plus forts joueurs et les bat-
taient.

A Saint-Jean-de-Luz, Biarritz et Bayonne, les marchandes de sardines, les cascarottes, comme on a coutume de les appeler, leur panier plat sur la tête, font, en une heure et demie, 20 kilomètres toujours courant et, tout en courant, elles jettent d'une voix stridente leur cri : « *sardina fraichcoa* », sardines fraîches. Elles partent en troupes, s'efforcent de se devancer les unes les autres, afin d'arriver les premières au marché ; elles se détournent dans les villages pour placer leur marée ; certaines arrivent avant midi au fond du pays, ayant franchi, sans perdre haleine, jusqu'à 40 et 50 kilomètres, et repartent le soir, n'éprouvant aucune fatigue. Si, par chance, elles arrivent dans la petite ville un jour de fête, elles posent le panier à terre et se mettent à danser la farandole ou le saut basque tout comme si elles se levaient de leur chaise.

Elles se montrent aussi aptes que les hommes au travail des champs ; elles attellent les bœufs, elles les mènent, l'aiguillon en main. Elles conduisent la charrette au marché ou la charrue le long du sillon ; elles saisissent l'attelage par les cornes, elles le maîtrisent et, à leur gré, elles ralentissent l'allure des bêtes ou les obligent à accélérer le pas.

Humboldt, parlant des rudes populations de la montagne écrivait : « L'endurcissement des femmes, commun à tous les barbares, paraît avoir été plus prononcé encore chez les Ligures d'une part, chez les Ibères de l'autre. C'est un fait qui subsiste de nos jours en Biscaye et dans les provinces voisines du nord de l'Espagne et qui n'apparaît pas dans le reste

de la Péninsule ; force nous est d'y voir un caractère
de race, puisqu'il s'est maintenu là seulement où la
race indigène a été le moins mélangée à d'autres
races ». Strabon parlant de la vigueur des femmes
Ibériennes dit : « Elles travaillent à la terre. Tout en
travaillant, elles emmaillottent leurs enfants après
les avoir lavés au bord d'un ruisseau. »

Excepté dans les environs de quelques villes,
comme Mauléon ou Bayonne, la Basquaise n'entre
pas au cabaret comme le fait la Bretonne ; on ne
jugerait pas la chose décente ; cependant, le jour du
marché, il arrive que les jeunes gens invitent les
jeunes paysannes à accepter un verre de liqueur ;
elles sont trop friandes de ce régal pour résister ; il
faut aussi faire l'article, vendre la vache et son veau,
une paire de bouvillons qu'on a conduits au marché :
il serait trop humiliant de les ramener à la maison.
Pour amorcer l'acheteur, on trinque avec lui. Or, il
est remarquable que nul mieux que la Basquaise ne
sait faire l'article pour son bétail aussi bien que pour
ses œufs, ses poulets et ses fromages ; elle est une
merveilleuse marchande et, pour faire payer l'étranger, elle se montre sans merci.

Les Basquaises, pour se rendre au marché, mettent une petite toilette, un joli mouchoir sur la tête,
et un fichu clair autour du cou ; les maîtresses de
maison portent leur robe de mérinos noir. Aussitôt
rentrées chez elles, ces vêtements sont serrés avec
soin, et, pour s'acquitter des soins du ménage, elles
remettent sans vergogne, de vrais haillons : au contraire de nos ouvrières de la ville qui ont de

jolies robes et pas de chemises, elles n'ont que des robes très simples, mais elles possèdent du linge en abondance. Il était d'usage, dans les maisons du pays, de donner à toute jeune fille un coin de terre où elle faisait pousser du lin : ce lin était préparé dans les veillées du soir ; le tisserand du village le tissait sur son métier ; on augmentait peu à peu ainsi la provision de toile et l'on mettait de côté les pièces fines et blanches qui devaient servir à confectionner le trousseau au moment du mariage.

Une chanson bien connue célèbre et la maison, la chère maison du Basque et les vertus de Maria, la femme laborieuse, ordonnée, la bonne et vaillante mère de famille :

NERE ETCHEA

Ikhusten duzu goizean,
argia hasten denean,
menditto baten gainean
etche ttikitto aitzin churi bat —
— lau haitz handiren artean,
ithurritto bat aldean,
chakur churi bat athean ?
Han bizi naiz ni bakean.

Nahiz ez den gaztelua
maite dut nik sor lekhua
aiten-aitek hautatua ;
Etchetik campo zait iduritzen —

— nombait naizela galdu,
nola han bainaiz sortua,
han dut utziko mundua
galtzen ez badut zentzua.

Ez da lurrean gizonik
Printzerik ez erregerik
ni baino hobeki denik ;
Badut andrea, badut semea, —
— badut alaba ere nik,
osasun ona batetik
ontasun aski bertzetik,
zer nahico dut bertzerik ?

Goizean hasiz lanean
arraxa heldu denean
nagusi naiz mahainean ;
Giristono bat ona dut hartu —
— nik emaztea hartzean,
ez du mehe egunean
sartuko uste gabean
chingar-hechur bat eltzean.

Etchean ditut nereak
akhilo, haitzur, goldeak,
uztarri eta hedeak ;
Jazko bihiaz ditut oraino —
— zoko guziak betheak,
nola iragan urtheak
ematen badu bertzeak
ez gaitu hilen goseak.

3.

Landako hiru behiak
esnez hampatu dithiak.
aratze eta ergiak,
bi idi handi kopetazuri —
— bizkar belz, adar handiak,
zikiro, bidots guriak,
ahuntzak eta ardiak,
nereak dire guztak.

Ez dugu behar lurrean
aise bizirig etchean,
utzi laguna gabean ;
yende-beharrek ez dute yotzen —
— gure etcheko athean,
non ez duten mahainean,
othuntz-ordua denean,
lekhua gure aldean.

Piarres nere semea,
nahiz oraino gaztea,
da mutiko bat ernea ;
goizean goizik bazken erdira —
— badarama arthaldea ;
baitu nere egitea,
segituz nere didea
ez du galduko etchea.

Nere alaba Cattalin
bere hameka urthekin
ongi dona amarekin ;
begiak ditu amak bezala —

— zeru-zola bezain urdin ;
oraiko itchurarekin
uste dut demborarekin
andre on bat dion egin.

Nere emazte Maria
ez da andre bat handia
bainan emazte garbia ;
musu batentzat etchean badut —
— nik nahi dudan guzia
galdegiten dut grazia
dudan bezala hazia
akhabatseko bizia.

MA MAISON

On voit le matin,
    A l'aube,
Sur une colline
Une petite maison blanche ;
Une fontaine est auprès
Et aussi un chien blanc.
Là, je veux vivre en paix.

Je sais que ce n'est pas un château ;
Mais, j'aime, moi, l'endroit où je suis né.
Cette maison élevée par le père de mon père
Hors d'elle, il me semble
    Que je suis perdu.
Puisque je suis né là
Là, je veux mourir
Si je ne perds pas mon bon sens.

Il n'y a pas d'homme sur la terre,
Ni de prince, ni de roi
Plus heureux que moi
J'ai une compagne, j'ai un fils,
J'ai une fille, aussi moi,
Avec une bonne santé.
J'ai du bien-être,
Que faut-il davantage ?

Dès l'aurore, je suis au travail
        Jusqu'au soir,
Alors avec plaisir à table ;
Mais j'ai pris, moi, une bonne chrétienne
Quand j'ai pris ma femme,
... Les jours maigres,
Elle ne mettra pas, par mégarde
Un os de jambon dans la marmite.

        J'ai dans ma maison,
Aiguillons, bêches, charrues,
Jougs et lanières,
De l'an dernier, j'ai encore
Du grain pleins tous les coins.
Si l'année qui vient
Est comme l'an passé
Nous ne mourrons pas de faim.

Pour le travail j'ai trois vaches
Les mamelles gonflées de lait
Deux grands bœufs au front blanc,
Au dos noir, aux grandes cornes

J'ai un bélier, des agneaux,
Des chèvres et des brebis.
Tout cela est à moi.

Il ne faut pas que nous
Qui vivons à notre aise
      Sur nos terres,
Nous laissions nos semblables
      Dans le besoin.
Les gens besogneux
Ne doivent frapper à notre porte
Que pour s'asseoir à notre table
Et prendre place à nos côtés.

      Pierre, mon fils,
Quoique jeune encore
Est un garçon énergique,
Moi, au point du jour dans mes pâturages
Et dans mes champs de maïs
J'ai beaucoup à faire.
S'il suit mon exemple
La maison ne tombera pas.

      Ma fille Catherine,
Avec ses onze ans,
      Toujours d'accord avec sa mère,
A aussi les yeux de sa mère
      Bleus comme le ciel ;
D'après son apparence maintenant
Je crois qu'avec le temps
Elle fera une très bonne femme.

> Ma femme Maria
> N'est pas une grande dame
> Mais c'est une femme d'ordre ;
> J'ai dans ma maison tout ce que veux.
> Je demande la grâce
> De finir ma vie
> Comme je l'ai commencée.

Quoique la femme du pays basque travaille aussi bien que l'homme, elle gagne comme ouvrière agricole beaucoup moins que lui ; on la nourrit, mais son salaire en argent ne dépasse guère la petite somme de 75 centimes par jour (1). Il y a certains travaux dont il n'est pas d'usage qu'elle s'acquitte ; elle ne manœuvre pas la faux, elle ne trait pas les vaches ; elle ne soigne pas le vin ; elle ne tue pas le porc, mais elle tue l'agneau ; elle ne sème pas ; le matin elle ne va pas aux champs parce qu'il faut qu'elle s'occupe du ménage. Lorsqu'elle a rangé sa maison après midi, elle part avec les ouvriers ; elle fane, elle sarcle le maïs, la rave, la vigne ; à l'étable elle donne à manger au bétail. Elle élève les poussins, les canards. Elle porte le lait chez les pratiques, ce que jamais l'homme ne consentirait à faire. Auprès de sa maison, il y a un petit jardin qu'elle cultive ; elle blute la farine, elle brasse la pâte pour faire le pain, mais l'homme allume le four. Elle fait cuire la miche qu'elle a pétrie. En somme, sa con-

(1) Nous parlons de la période qui s'est écoulée entre 1850 et 1880 environ.

dition est assez douce ; en général, les travaux les moins rudes lui sont dévolus.

L'homme est bon pour elle, il a égard à la fragilité de son sexe et en général, elle est bien traitée. Les anecdotes qu'on se raconte au village la dépeignent volontiers comme disposée à abuser des ménagements qu'on lui accorde. On prétend que son exigence peut dépasser les bornes permises. Pour tourner en ridicule la faiblesse du mari en présence des exigences de sa femme, les gens malicieux racontent avec de bons gros rires, qu'un brave homme était parti dès le matin, travailler dans les champs ; la pluie l'avait surpris et le soir, mouillé, harassé, grelottant, il rentre enfin chez lui. Il pleuvait encore à verse. Sa femme épiait son retour avec impatience. Dès qu'elle le voit rentrer, elle va vite à la porte de sa maison, elle tient le vase de bois cerclé de cuivre qui sert à puiser de l'eau et à la conserver dans la cuisine. « Puisque te voilà tout mouillé, va donc, mon mari, à la fontaine ». Le mari prend tranquillement le vase des mains de sa femme et s'en va à la fontaine, sans mot dire. Au bout d'un moment, il revient, rapporte le vase rempli, s'approche, très grave, de son épouse, et, tout à coup, retourne son vase sur la tête de sa femme qu'il arrose à flots. « Tu ne risques guère plus que moi maintenant, dit il, tu peux à ton tour aller chercher ton eau ». Morale de l'histoire ! Quand la femme est trop exigente, l'homme se regimbe,

D'autres traits sarcastiques illustrent la ténacité de la Basquaise. Une maîtresse de maison avait une

langue aussi mauvaise que son caractère ; elle était,
paraît-il, plus têtue dans son impertinence, que les
mules de son pré. Elle avait pris l'habitude de
traiter son mari de « soritchia », c'est-à-dire en proie
à la vermine (nous demandons mille pardons à nos
lecteurs de cette expression couleur locale) ; son
mari ne pouvait la faire taire. Il y avait longtemps
que cela durait ; enfin un jour, à bout de patience,
pour l'obliger à clore ses lèvres, il l'emporte à
bras tendus et la plonge dans un puits jusqu'à
la bouche. La femme, qui avait de l'eau à hauteur des
lèvres, ne pouvait, bien entendu, articuler un son.
Alors, raconte le narrateur, elle ne se tient pas pour
battue : elle lève ses deux mains au-dessus de sa
tête et elle fait le signe d'écraser l'ennemi entre ses
doigts. Elle avait donc eu la réplique dernière, et
force fut au mari de subir sa femme et de prendre
son parti de sa ténacité insolente.

Un autre mari se mettait fort en colère parce que
sa femme grognait sans cesse et lui cherchait dispute ; il ne voulait cependant pas user envers elle
de mauvais traitements. Il va trouver son confesseur : « Ne pourriez-vous », lui dit-il, « imaginer un
moyen de calmer ma femme » ? Le bon prêtre fait
ses réflexions et attend sa pénitente. Elle vient un
beau jour et elle s'accuse de son péché d'humeur
acariâtre. Son confesseur lui impose, pour pénitence, quand elle sera tentée d'invectiver son mari,
de mettre immédiatement dans sa bouche une gorgée
d'eau froide et de la garder tout le temps que sa méchanceté persiste. La bonne femme, qui voulait

recevoir l'absolution, fait comme on lui a dit. L'histoire ajoute qu'elle prit vraiment peu à peu, l'habitude de se taire. Bon et encourageant exemple !

Un autre remède pour amender les péchés de la langue est recommandé dans les veillées du pays. Une pénitente s'accusait de médisance contre son prochain. Son confesseur, après lui avoir fait de sévères remontrances, lui impose une pénitence qu'il renouvelle de Philippe de Neri. « Tuez une volaille », lui dit-il, « une belle grosse poule, vous la plumerez, et ensuite vous en jetterez les plumes au vent, puis vous les ramasserez avec soin et vous me les rapporterez toutes ». « Ce que vous me commandez là est impossible », lui dit la femme. « Alors cela prouve la gravité de votre faute ; le mal que vous avez fait par votre langue à votre prochain, vous ne pouvez le réparer pas plus que vous ne pouvez rattraper les plumes que vous jetez à l'air du ciel ».

Nous disions tout à l'heure que la Basquaise restait le matin à la maison pour s'acquitter des soins du ménage ; il n'est pas sans utilité de rechercher l'emploi de son temps ; cela peut donner à réfléchir à beaucoup de nos jeunes filles que le travail effraie et qui se montrent si peu courageuses lorsqu'il faut quitter le lit. Notre Basquaise se lève la première dans la maison, à l'angelus, au jour en été, avant le jour en hiver ; après cinq heures on ne la trouve guère couchée. Les hommes se lèvent après elle, un peu plus tard. Son premier soin est d'allumer le feu dans la cuisine ; de mettre la marmite sur le feu pour

faire bouillir l'eau et préparer la soupe avant que les
ouvriers ne partent pour les champs. Cela fait, elle
songe aux enfants. Elle les lève, les habille, leur
donne à manger et les envoie à l'école ; ensuite elle
fait les lits, elle balaie la maison et la met en ordre ;
elle va chercher les légumes dans son jardin, les
épluche, les pèle et prépare le repas de midi. Le
menu de ces repas ne varie guère : une soupe aux
légumes, un peu de porc salé, des haricots en sauce,
du pain de maïs, de la miche cuite au four, du fromage qu'elle a fait elle-même. Quelquefois on a tué
une brebis à la maison ; avec le sang et la graisse de
la brebis elle prépare des boudins que les gourmets
du pays estiment particulièrement ; ces boudins
servent pendant plusieurs jours à faire une soupe
qu'on nomme « tripa chalda », où entre force
oignons, ail et piments rouges. Elle sert le repas ;
elle ne se met pas à table, elle se tient derrière la
chaise de son mari, va et vient, faisant le service.
Après le repas, elle range soigneusement sa cuisine.
Les cuisines basques sont arrangées avec coquetterie ; le dressoir sert à recevoir les anciens plats de
famille : plats de vieille faïence, plats d'étain souvent
timbrés d'armoiries quand la maison est d'origine
noble ; un volant de cretonne à petits carreaux
blancs et rouges encadre le manteau de la vaste
cheminée ; dans sa longue caisse de merisier une
grande pendule ; les ustensiles de cuisine sont placés
sur une planche au-dessus de l'évier ; le seau de
cuivre pour contenir l'eau trône au milieu des vases
de terre et de bois ; il brille comme de l'or ; son éclat

est l'orgueil des maîtresses de maison. Dans un coin est placé un grand broc en hêtre muni d'une anse. On l'a taillé en plein bois, dans un gros bloc ; la ménagère fait bouillir son lait dans ce broc ; pour ce faire, elle jette dans le lait des pierres (1) qu'elle a fait rougir au feu. En quelques minutes, le lait bout, mousse et monte ; aussitôt on le verse dans une terrine, puis, de la terrine, on le remet dans le vase de bois jusqu'à cuisson parfaite. Le lait cuit à la pierre constitue le repas du soir avec de la méture, c'est-à-dire du pain de maïs et en hiver des châtaignes.

Si la femme, comme nous venons de le dire, ne s'asseoit pas à table, ce n'est nullement pour elle un signe d'infériorité et de servitude ; c'est parce que, fidèle à son rôle de ménagère, elle fait manger la famille d'abord. Elle mange ensuite après les autres, la plupart du temps debout ou assise sous le manteau de la cheminée. Il n'y a pas bien longtemps qu'on connaît la fourchette dans le pays ; on mangeait tout simplement avec les doigts et l'on savait s'y prendre très proprement.

On voit que les Basquaises n'ont pas une vie oisive. Il faut qu'elles fassent souvent la lessive ; les belles chemises blanches du mari et des fils parlent de leur vaillance au travail ; le soir, elles veillent

______

(1) Ces pierres sont dites « pierres de fer ». C'est l'Ophite, roche particulière à cette région des Pyrénées dont l'exploitation, dans la vallée de Baïgorry, est devenue une source de richesse. On l'emporte pour empierrer les routes des Landes et des environs de Bordeaux.

jusqu'à 11 heures, tandis que le mari est déjà couché. Autrefois, elles filaient à la lueur d'une petite chandelle de résine ; il faut égrainer le maïs, fendre l'osier pour attacher la vigne, trier les châtaignes et les retirer du hérisson, battre les haricots, éplucher la paille de maïs pour garnir les paillasses des lits ; elles donnent peu d'heures au sommeil ; par contre, elles ne savent guère coudre ; elles ignorent en général, la science si précieuse du raccommodage, du ravaudage, des reprises bien faites. Pour ces menus travaux et pour la confection des vêtements et du linge, on fait venir la couturière. Leurs doigts, rendus lourds par les gros travaux, par le lavage, ne sont pas assez souples pour manier l'aiguille ; elles savent lire et écrire, mais ce sont des talents qu'elles n'utilisent pas, si ce n'est pour lire les lettres des enfants qui sont partis pour l'Amérique, et pour leur répondre ; la plupart des journaux sont en français ; elles ne parlent guère le français et le lisent mal.

Leur armoire à provisions renferme des pots de graisse et de raisiné qu'elles ont préparés elles-mêmes ; les jambons et les saucisses sont mis en réserve, suspendus dans la cuisine. L'armoire parfumée de lavande est bien garnie de beau linge blanc qu'elles ont plié et rangé selon d'antiques usages ; elles lessivent avec soin ; elles lavent dans le courant de la rivière, les pieds nus dans l'eau et la tête au soleil ou exposées toute une journée à la pluie et au vent. Lorsque la lessive s'achève, on voit sur les buissons, sur la haie autour de la prairie, auprès de la maison, les draps, les serviettes, les chemises qui sèchent ; les voisines qui, de loin, font le compte, estiment cette richesse. Dans l'armoire à linge elles ont rangé les pommes qu'elles conserveront pour les enfants, pour la famille, jusqu'aux premiers jours d'avril. Elles gardent la clef du grain ; mais trop souvent, elles abusent du privilège de la clef ; elles prennent le grain en cachette du mari et l'échangent chez le marchand contre des douceurs ou contre des étoffes. Malheur à la maîtresse de maison qui prend l'habitude de voler la provision de blé ! Elle apprend à contenter sa fantaisie, elle achète à crédit ; elle s'endette et ruine sa famille ; les dépensières sont heureusement l'exception : la plupart des maîtresses, des Etcheco Andéria sont économes et ordonnées, bonnes mères et fidèles épouses.

Nous avons dit qu'elles portaient des haillons pour faire leur ménage ; les plus riches d'entre elles ne mettent leur robe de laine noire que dans des occasions exceptionnelles : certains dimanches du mois, pour certaines cérémonies solennelles à l'église. On les voit souvent pieds nus sur les dalles de leur cuisine ou sur le chemin qui mène aux champs. Pour faire de longues courses, elles mettent leurs petits souliers plats et leurs bas dans un cabas et ne se chaussent qu'en entrant dans le village, après s'être lavé les pieds dans le torrent.

Le mari consulte sa femme lorsqu'il s'agit de vendre ou d'acheter ; il se met d'accord avec elle pour toutes les affaires d'intérêt. Avant de prendre une décision, il veut avoir son avis ; elle est souvent la propriétaire du domaine, ce qui lui confère une réelle dignité et de l'autorité.

Les Basquaises sont particulièrement compatissantes : entre voisins on s'entr'aide ; on n'abandonnerait jamais des orphelins ; à la mort des parents, on s'entend pour se distribuer les enfants ; ces enfants-là servent plus tard comme domestiques dans la maison qui les a recueillis et ne reçoivent de gages qu'au bout d'un certain temps. Elles sont douces pour les bêtes : les vaches, les ânes, le porc, et surtout le porc, font partie de la maison et vivent dans la maison, très domestiques, très familiers. Elles ont beaucoup d'enfants, pour lesquels elles sont affectueuses et dévouées, presque faibles, les laissant trop libres ; elles ne les surveillent pas assez. Le manque de surveillance amène de fâcheuses conséquences, des écarts de conduite. C'est pour cette raison que les jeunes filles sont souvent d'une tenue plus que légère et ne se font pas respecter : ces mêmes jeunes filles, aussitôt qu'elles se marient, deviennent sérieuses ; il est presque sans exemple qu'une femme mariée mène une mauvaise conduite.

Certaines femmes, dans le village, il y a une soixantaine d'années, se consacraient aux soins des malades par goût, par compassion ; elles étaient à demi-médecins, et sages-femmes sans diplôme ; on ne connaissait à cette époque ni médecins, ni sages-femmes. Elles ne savaient ni lire, ni écrire. Elles avaient de la pratique et ne manquaient pas d'une certaine habileté. Elles allaient veiller les morts ;

elles préparaient les repas pour fêter la naissance du nouveau-né ; pour les noces elles venaient aider aux préparatifs de la fête.

Si les Basques aiment leurs enfants et les adulent, il faut bien avouer, par contre, qu'on est dur à l'égard des vieillards, surtout si ces derniers ont l'imprudence de se dessaisir de leurs biens en faveur des jeunes. Ils sont à charge parce qu'ils ne peuvent plus travailler ; on le leur fait sentir ; on ne sait pas respecter la vieillesse. Et cependant les vieilles Basquaises sont actives jusqu'à leur dernier souffle ; tant qu'elles le peuvent, elles continuent leurs rudes travaux. Il n'est pas rare de voir aux champs de vieux couples, courbés par l'âge, qui, la pioche à la main, retournent la terre et affrontent, malgré leurs cheveux blancs, les intempéries des saisons. Ceux-là souvent sont restés seuls à la maison ; les fils sont partis pour l'Amérique, les filles ont suivi, et, pour vivre, il leur faut ramasser le reste de leur énergie et continuer leurs travaux comme lorsqu'ils étaient jeunes.

Les exemples d'une verte longévité ne sont pas rares dans le pays. Des mendiantes, âgées de plus de 80 et 90 ans, parcourent le pays en dépit de leur grand âge, appuyées sur leur bâton, leur sac de toile sur le dos, pour demander le morceau de pain que jamais la maîtresse de maison n'a refusé lorsqu'un pauvre vient lui tendre la main. Autrefois, le vieillard basque offrait un type très intéressant. Ses longs cheveux blancs s'échappaient en boucles de son béret et tombaient sur ses épaules ; il portait la culotte courte et une veste ronde de velours qui s'ouvrait sur un gilet aux couleurs éclatantes ; il avait une mémoire inépuisable et sa conversation était instructive et pleine de bon sens. Cette distinction d'esprit, ce jugement était également le partage de la vieille grand'mère que l'on consultait, que l'on écoutait comme un oracle. Elle avait beaucoup vu, beaucoup pensé, beaucoup appris entre les quatre murs de cette chère maison paternelle qu'elle n'avait jamais quittée, où elle était née, où elle allait mourir, dont elle était restée la reine et la maîtresse, où elle avait conservé la tradition et les histoires des temps d'autrefois, histoires si amusantes et qu'il est si difficile de retrouver maintenant que ces vieillards diserts ne sont plus et qu'ils ont emporté avec eux dans la tombe, leurs vieux souvenirs.

Une légende, celle de Madeleine Larrondo, est un de ces vieux récits dont les Basques sont fiers et qu'ils aiment à redire dans les veillées : nous reproduisons ici cette légende.

LA LÉGENDE DE MADELEINE LARRONDO-SAHARREAR

Le village de Sare est situé à 20 kilomètres de Saint-Jean-de-Luz, sur la frontière espagnole, dans la riante et verte vallée que la montagne de la Rhune domine. Or, à Sare, dans la maison Lorrondo-Saharrear, vivaient, en 1793, cinq frères et sœurs. L'aîné s'appelait Pierre, deux garçons portaient le nom de Gratien, les deux sœurs avaient été baptisées l'une Marie, l'autre Madeleine. De tous les enfants, Madeleine était la plus jeune ; elle n'avait

que 17 ans. Tous les cinq s'étaient acquis par leur
sagesse et par leur vertu, un grand renom auprès de
leurs concitoyens ; ils ne faisaient jamais que le
bien, car leurs cœurs étaient pénétrés de l'amour
de Dieu. Madeleine, la petite sœur cadette, se distinguait surtout par son insigne piété. Cette année
1793, qui ne s'en souvient encore ! la terreur s'était
abattue sur le pays basque comme sur le reste de la
France ; les églises étaient interdites au culte, les
soldats de la République s'en étaient emparés et ils
y campaient, les transformant en casernes. Les prêtres, pour échapper aux massacres. s'étaient enfuis
en Espagne. Mais Madeleine, lorsqu'il s'agissait de
remplir ses devoirs religieux, n'avait peur de rien.
Voici les choses telles qu'elles se sont passées,
d'après l'enquête que l'on fit de maison en maison,
dans le village de Sare.

Madeleine allait régulièrement en Espagne, à
Véra, trouver les pères capucins auxquels elle se
confessait, Un matin d'été, c'était le 27 août, elle
revenait de Véra selon sa coutume. Elle n'était plus
qu'à deux pas de sa porte lorsque, tout d'un coup,
des soldats, qui se tenaient blottis derrière les
broussailles, s'élancèrent, l'accostèrent, et lui de-
mandèrent d'où elle arrivait et ce qu'elle venait de
faire. Et Madeleine, dans la candeur de son âme,
répondit toute la vérité : « Vous savez, leur dit-elle,
que nous vivons ici sans prêtres ; ma conscience me
pressant d'accuser mes péchés, je suis allée à Véra
faire ma confession ». L'un des soldats fut touché
de tant d'innocence et il dit à Madeleine : « Com-

ment se peut-il, jeune fille, que vous ne sachiez pas qu'il est défendu de parler de pratiques semblables ? A l'avenir, soyez plus prudente ; un mot vous perdrait. Si l'on vous interroge, cherchez quelque excuse ».

Mais l'enfant répondit simplement : « Je ne saurais user de subterfuges. Je ne consentirai jamais à dire le plus petit mensonge. »

A l'ouïe de ces paroles, les soldats se saisissent aussitôt de Madeleine et l'emmènent à Saint-Jean-de-Luz. A Saint-Jean-de-Luz siégeait le tribunal révolutionnaire, que présidait le général Pinet, le maître du pays, sous les ordres de qui tout le monde tremblait.

Madeleine est conduite en prison ; lorsqu'elle pénètre dans son cachot, on eût dit d'un ange. Elle édifie par sa piété ses compagnons de captivité, les personnes qui viennent la voir, et même le général Pinet !

Au jour fixé pour son jugement, on la mène devant le tribunal révolutionnaire, et les juges l'interrogent. Elle répond à toutes les questions avec la plus grande franchise. En conséquence, on la déclare coupable et on la condamne à mort.

Tandis qu'on la menait à l'échafaud, la pauvrette, tout le long de la route, chantait des cantiques, et jusque sur la guillotine, comme le bourreau allait lui trancher la tête, elle priait Dieu, se recommandant à haute et intelligible voix, à la miséricorde céleste.

Ainsi périt la bienheureuse Madalena Larrondo-

Saharrear, de Sare. C'était le 30 septembre 1793 que cette chose se passait (1).

La langue basque se prête aux improvisations. Ces sortes de joutes passionnent le peuple. On citait, il y a 15 ans, deux femmes qui rivalisaient d'à-propos et de verve, lorsque ensemble, l'une contre l'autre, elles luttaient pour développer le sujet que le président de la fête leur avait proposé sur le moment même. Ces deux femmes obtinrent un grand succès sur la place du Jeu de Paume d'Hasparren ; l'une vantait les charmes de la vie du laboureur, l'autre célébrait l'utilité de l'ouvrier sandalier.

Ces deux improvisatrices se nomment Marie Argain Urqudoya, de Cambo, et Anna Etchegoyen, d'Hasparren. Marie Argain était, en 1890, une belle Basquaise de 30 à 35 ans, brune, robuste, d'une physionomie expressive ; elle était mariée avec un brave métayer de la montagne, à deux kilomètres de Cambo. Autrefois elle avait été sandalière ; après son mariage, elle cultivait sa terre avec son mari ; elle n'avait pas d'enfants.

Dans les concours, à diverses reprises, Marie Argain a remporté plusieurs prix qui lui ont valu des bénéfices auxquels elle a dû être sensible, car cinquante francs constituent une somme pour des montagnards. Cette lauréate de concours ne savait ni lire, ni écrire ; chez elle, l'art de la versification s'est développé spontanément vers l'âge de vingt

(1) Il paraîtrait que la condamnation de Madalena qui est authentique et sa mort eurent pour motifs une accusation d'espionnage, accusation vraie ou fausse.

ans. Dans un des concours où elle a été couronnée, à Espelette, le sujet était celui-ci : « L'époux et l'épouse dans leur intérieur ». Marie Argain, paraît-il, trouve des rimes heureuses, quelquefois des traits d'esprit, rien cependant de très saillant comme valeur poétique. Son talent est de qualité moyenne. Mais qu'importe? ne doit-on pas être surpris de trouver ces dons chez une ouvrière illettrée, chez une simple paysanne?

Sa rivale, Anna Etchegoyen, est une jeune fille d'une figure agréable et distinguée ; elle a débuté par être sandalière comme Marie Argain. Tout en façonnant les semelles de chanvre des sandales, en compagnie des ouvriers et des ouvrières de son atelier, elle s'exerçait à composer des vers. Peu à peu, elle a pris le goût et l'habitude de traiter sur le champ tout sujet qu'on lui propose. En 1890, époque brillante de son talent, elle n'avait pas plus de vingt ans ; elle avait suivi l'école, elle savait lire et écrire, Mais ce n'est certainement pas grâce à la lecture des auteurs qu'elle enrichit son imagination et affina son goût. Cela lui était venu spontanément, comme chez Marie Argain. C'est affaire de race, de genre de vie. Ces deux femmes habitaient Cambo où Anna était entrée comme fille de service dans un des principaux hôtels de la localité. Le proverbe dit : « A Cambo les langues sont plus actives que les balais ». Le matin, les ménagères descendent sur le pas de leurs portes, les balais à la main. Toutes les commères se rassemblent dans la rue, se racontent les nouvelles et s'éternisent dans des bavardages sans fin. La clémence d'un beau ciel presque toujours ensoleillé favorise ces usages. Sont-ce ces habitudes qui ont développé les facultés de nos improvisatrices ? Quoi qu'il en soit, lorsque Marie Argain et Anna Etchehoyen concoururent ensemble, elles remportèrent un véritable succès ; à la plus grande joie des auditeurs, elles se disputèrent et s'emportèrent l'une contre l'autre ; la lutte fut des plus animées. Anna Etchegoyen fut couverte d'applaudissements. « Qu'avez-vous fait quand vous avez entendu qu'on vous applaudissait ? — J'ai fait bonjour avec la tête. — Et vous n'étiez pas intimidée ? — Oui, un peu en commançant ; puis, j'ai oublié d'avoir peur ». Tout cela très simplement dit, avec un éclair de fierté dans les yeux ». Après vous être disputées, vous ne vous en êtes pas voulu, Marie Argain et vous ? — Oh ! que non. Aussitôt que nous avons eu terminé notre dispute, nous n'avons plus été en colère et nous sommes redevenues bonnes amies comme auparavant. — Comment vous habillez-vous pour vous présenter en public ? — Nous mettons nos vêtements habituels, nous sommes comme toujours. M. le curé est là qui nous regarde et nous écoute ; nous ne voudrions pas être remarquées et grondées ».

Pour assister aux improvisations, les habitants de la contrée arrivent par centaines ; la place est comble ; les prêtres, les juges de paix, les maires, les grands propriétaires se mêlent à la foule. Tout se passe avec une extrême convenance ; la mise en scène ne manque pas d'une certaine solennité. Les concurents récitent leurs vers sur une sorte de mélopée ; leurs images, leurs expressions conservent en général le respect des convenances, et il est bien exceptionnel qu'on entende une plaisanterie déplacée ou un mot risqué. Il n'y a donc rien de choquant que des femmes prennent part à des jeux d'aussi bonne compagnie. C'est avant tout un divertissement national que les autorités civiles et religieuses se sentent tenues à consacrer par leur présence.

En dehors des noms que je viens de citer, peu de femmes se sont fait une renommée dans le pays. Le type de la Basquaise reste un type impersonnel. Les personnalités féminines dont nous pourrions esquisser les traits ne sont connues que dans un cercle restreint. Il est difficile de se procurer des informations sur celles qui offrent un peu plus de relief. Des jeunes filles que nous ne pouvons nous permettre de nommer, ont fait preuve d'une intelligence au-dessus de la moyenne. Deux d'entre elles ont passé des examens de licence et exercent la pharmacie ; une autre est un peintre de talent distingué. Élève de M. Bonnat, cette dernière a exposé des œuvres à Paris, aux expositions des Beaux-Arts. Ses portraits sont d'une bonne peinture, d'un dessin ferme et correct. Du bout de son pineeau, elle a élevé sept frères et sœurs.

Je pourrai parler plus ouvertement d'une élève du Conservatoire qui a débuté à Paris comme cantatrice, il y a plus de 3o ans. Mlle Fotzer, de Saint-Jean Pied-de-Port. Cette artiste avait une belle voix, un physique sympathique. Mais sa carrière artistique a tenu

dans un trop court espace de temps, pour qu'elle ait
pu arriver à la célébrité. Atteinte par la phtisie, elle
a abandonné le théâtre où elle venait à peine de dé-
buter, elle est rentrée dans sa ville natale et à vingt-
cinq ans, elle a succombé aux ravages de l'implacable
maladie. Une autre cantatrice, née à Saint-Jean-
Pied-de-Port, est douée d'une voix remarquable.
Elle s'est fait applaudir à Bordeaux. Les Basques
sont naturellement musiciens : leur organe est sonore, profond ; une éducation professionnelle leur
ferait acquérir ce qui leur manque, de la justesse et
de la souplesse. Avec de l'étude et de la méthode, on
retirerait de leurs gosiers des sons rares et exquis.
Les antiques chants nationaux, très caractéristiques,
graves, mélancoliques, méritent leur réputation. On
en a publié quelques recueils ; leur distinction et une
incontestable originalité leur ont valu l'honneur d'être
reproduits dans un opéra moderne. Une femme émi-
nemment musicienne, qui appartenait par le sang
et l'éducation, à l'aristocratie basque, Mme de la Villehélio, avait publié une savante annotation des airs
populaires dont avait été bercée son enfance. Le
génie artistique qui guidait Mme de la Villehélio dans
la composition de son recueil, ses recherches historiques, ont donné à sa publication une autorité et
une valeur hors ligne.

Parmi les femmes d'élite du pays, je pourrais
citer en rappelant des souvenirs déjà anciens, une
négociante dont les aptitudes furent remarquables.
Agée de 30 ans quand elle devint veuve, elle n'avait
pas hésité à prendre en mains un négoce étendu.

Armements de navires pour l'Amérique, trafic considérable de laines, placements hypothécaires, administration de vastes domaines, magasin de vente au détail, elle sut tout embrasser, imprimant à son commerce une telle prospérité, qu'elle fonda une seconde maison qu'elle gérait en même temps que la première. Elle était fille d'un marchand de Saint-Jean-Pied-de-Port. Dès l'enfance, elle avait été habituée à se tenir auprès de son père pour servir les clients. Elle écrivait admirablement bien, parlait le français aussi purement que sa langue natale. Du matin au soir elle travaillait, réglait seule son énorme comptabilité, renouvelait ses contrats, traitait des affaires de banque et ne permettait à personne de l'aider. Et cette femme si énergique fut cependant d'une santé frêle, d'une apparence délicate ; elle a supporté sans faiblir les épreuves de la maternité ; mère de sept enfants, elle les avait nourris elle-même. Ce n'est que lorsqu'elle eut atteint l'âge de 60 ans qu'elle consentit à placer son fils aîné à la tête de sa seconde maison de commerce.

Dieu nous garde, par les exemples féminins que nous recherchons parmi les Basques, de surexciter les ambitions ! Ni la paix, ni la sécurité de la conscience ne se trouvent au milieu du tourbillon des affaires, et ce n'est pas vers le grand commerce, avec ses nécessités d'égoïsme et de dureté de cœur, que nous souhaitons voir s'orienter la nouvelle génération de nos sœurs. Trop de responsabilités pèsent sur ceux qui se livrent aux entreprises de ce genre. Le naufrage irrémédiable menace sans trêve qui ose manier des intérêts commerciaux considérables. L'être humain doit se préserver de tels périls, s'il veut conserver intact dans son âme, le désintéressement d'un disciple débonnaire du Christ. Retenons seulement de la femme intelligente dont je viens de parler et que je ne nomme pas par respectueuse discrétion, la leçon de virilité qu'a donné l'exemple de sa courageuse carrière.

D'ailleurs, chez quelque peuple que ce soit, quelque éducation que reçoive la femme, une intelligence aussi étendue, une netteté, une précision d'esprit aussi remarquables resteront à l'état d'exception. Il n'en va pas autrement parmi les hommes, malgré l'incalculable avantage d'une éducation professionnelle que l'on avait jusqu'ici jugée inutile pour la femme. Les hommes capables d'embrasser de vastes transactions commerciales, industrielles ou financières, se comptent. Les imprudents et les incapables qui, sans calculer leurs forces, s'élancent dans la carrière, sont légion. Ils embrassent trop et étreignent mal. Au lieu de la fortune et de l'honneur, ils trouvent ruine, honte et banqueroute.

Revenons à nos braves montagnardes qu'aucun labeur nécessaire, quelque rude qu'il soit, ne rebute. Elles donnent la preuve de leur courage en prenant leur part dans les travaux qu'exigent deux récoltes spéciales à la contrée : la cueillette de la fougère et la gaulée des châtaignes. Elles y prennent part ; mais elles ne pourraient s'en acquitter à elles seules : elles sentent que cela excèderait leurs forces et que l'aide de l'homme leur est indispensable. Une histoire pittoresque se conte entre Basques, pour illustrer la nécessité des secours masculins. Le récit humoristique a pour point de départ un proverbe qui dit : *L'homme est toujours homme, même dans le panier.* Une belle fille, forte et robuste, avait épousé un jeune homme malingre, vrai petit avorton, petit homme de rien du tout. D'un caractère plus triste encore que de chétive apparence, il était grincheux, impatient ; rien n'allait selon son goût et il ne laissait à sa femme, par ses éternelles récriminations, ni paix, ni trève. A bout de patience, un jour, la femme se dit : « Je ne ferai jamais rien de bon de ce bout d'homme, de ce *mauvais hommelet (guizalchar)* qui ne mérite même pas le nom d'homme. Tout autant vaut que j'aille le jeter à l'eau. » Elle l'enferme dans un panier, le charge sur sa tête et la voilà qui se dirige vers la rivière. Chemin faisant, un gros chien s'élance sur ses pas et se met à aboyer contre elle. Elle se range de côté et se met à s'écrier : « Ciel ! ciel ! que vais-je devenir ? » De son panier, le bout d'homme se prend à demander : « Qu'y a-t-il donc ? » La jeune femme répond : « C'est un énorme chien qui vient après moi et qui veut me dévorer ; crie donc un peu fort pour lui faire peur. » Le bout d'homme, malgré qu'il fût si chétif, avait cependant la voix forte, une voix d'homme, et il se met de toutes ses forces à invectiver le chien : « Va te coucher, chien, sors de là, méchant. » Cette grosse voix qui s'échappe du panier fait une telle peur au chien que le vilain détale au galop, oreille basse et queue entre les jambes. Alors la femme se dit :

« Il n'est pas si peu de chose que cela, mon pauvre mari, puisqu'il a fait peur au chien. Il vient de nous tirer tous deux d'un très grand danger ; il peut encore m'être utile. Gardons-le. L'homme est toujours homme, même dans un panier. *Guizon guizona, saski petitik.*

La récolte de la fougère commence en octobre et ne finit guère qu'en décembre. Les fougeraies couvrent les pentes, les plateaux, les sommets, l'escarpement des ravins, partout où un peu de terre végétale a permis aux fougères, aux bruyères, à l'ajonc épineux de tracer leurs racines ; elles sont situées dans les lieux les plus ingrats, lorsqu'un sol pauvre, le climat froid et humide ne permet ni la culture de la vigne, ni le défrichement pour les champs et les prairies. Pendant plusieurs semaines, par tous les temps, qu'il pleuve ou qu'il vente, tous les matins à l'aurore, les habitants de la ferme se mettent en route. Ils montent jusqu'aux sommets à des altitudes de 6 à 800 mètres : ils emportent leur frugal repas de midi, car ils ne rentreront qu'à la tombée de la nuit ; ils ont leurs faucilles à la main et des cordes enroulées sur leurs épaules ; ce sont leurs outils ; ils gravissent les sentiers, grimpent le long des rochers, escaladent les pentes abruptes, et montent, montent toujours en haut, très haut. Pendant qu'ils cheminent, l'Angelus sonne à l'église du village, les premiers rayons du soleil blanchissent le ciel ; la terre est encore enveloppée d'ombre et de vapeurs matinales. A mesure qu'ils s'élèvent, le soleil monte et répand sa lumière sur le chaos des pics, éclairant

les cimes les unes après les autres, jusqu'à ce que sa
royale lumière inonde les vallées. La petite troupe
des moissonneurs se réchauffe. La joie du réveil de la
nature emplit les cœurs ; les plus jeunes chantent ;
tous sentent, malgré l'habitude qu'ils ont d'y assister, combien le spectacle est magnifique ! Maintenant, en bas, le village ne leur apparaît plus dans la
verdure des prés et des arbres que comme un jouet
d'enfant : la rivière marque son sillage en étroit
ruban d'argent, et, éparses, des maisonnettes, toutes
petites, semées au hasard dans les replis du terrain,
au milieu des bois, sur le bord des prairies, semblent, tout autour sur les montagnes qui enserrent
les vallées, comme d'autres jouets dont quelques
points mouvants dans les herbages, représentent les
habitants et le bétail. Chacun reconnaît sa ferme et
la ferme d'un tel et d'un tel et observe les détails de
la vie du fermier. Mais ce qu'on peut encore examiner chez le voisin, est devenu bien vague, bien im-
perceptible ! Quelle solitude, quel silence et quel
calme ! En haut la voûte infinie, et, pour soutenir
la voûte, comme piliers, les pics neigeux à l'horizon ;
tout près la masse énorme et la hauteur sur laquelle
on va recueillir la litière de l'étable qu'on est venu y
chercher. Comment, dans la splendeur de cet atelier, les ouvriers ne ressentiraient-ils pas l'influence
de l'éternelle beauté ? Cette beauté se dévoile à leurs
yeux comme récompense de leur bon courage, c'est
le livre illustré que la main du Père céleste feuillette
pour eux et dont la lecture leur est faite en secret,
pendant leur travail. Il n'est pas besoin d'apprendre

à lire dans les livres humains ; on peut rester illettré ; on n'est pas ignorant lorsque journellement on lit les œuvres de l'éditeur divin... Et peut-être trouverons-nous ici l'explication des dons poétiques des improvisateurs et des improvisatrices. Ils ont vu et, en voyant, ils ont deviné les règles de l'art retracées dans la nature.

On coupe la fougère à la serpe, agenouillé sur la mousse humide, la peau des mains et des jambes arrachée par les piquants des ajoncs. On continue sous la pluie, car on ne peut trouver de refuge dans ces solitudes où souvent il n'y a même pas un arbre pour offrir l'abri de son feuillage. On poursuit lorsque le soleil brûle, courbé sous ses feux et la sueur au front. On réunit en meules la fougère à mesure qu'elle est fauchée ; cette partie du travail est exécutée par les femmes aussi bien que par les hommes. Ce qui est pénible, ce que l'homme seul peut accomplir, c'est charger sur le dos les meules qu'on a liées avec des cordes en gros paquets et s'en aller par les pentes dangereuses à travers les rochers, ployé sous le fardeau jusqu'à l'endroit où l'inclinaison de la montagne et l'orientation du ravin permettent de lancer les paquets et de les faire rouler jusqu'au fond. *Doer la fougère,* selon les expressions des ouvriers, est doublement fatigant lorsque la plante est mouillée par la pluie, ce qui arrive la plupart du temps. La récolte descendue dans le ravin, on vient la charger sur des traîneaux et on la transporte jusqu'à un chemin à peu près accessible aux charrettes. On recommence alors à décharger et à recharger et on rentre enfin sur les charrettes le bon lit sain et chaud sur lequel les animaux de la ferme passeront à l'aise la mauvaise saison.

La récolte de la fougère, quelque pénible qu'elle soit, ne met pas positivement en danger la vie des moissonneurs. Par contre, la gaulée des châtaignes ne va pas sans grands périls et il ne se passe pas d'années où l'on n'ait, de ce chef, malheureusement, une chute grave ou un accident mortel à déplorer. La femme ne peut y prendre que la moindre part. Elle ramasse le fruit à mesure que l'homme, grimpé dans l'arbre, le fait tomber à grands coups de sa gaule. On frémit des conditions périlleuses dans lesquelles le gauleur accomplit son travail. Le châtaignier dans lequel il se place a poussé au bord d'un ravin, ses branches s'étendent au-dessus du précipice ; l'homme voit l'abîme sous lui, un abîme que les rochers hérissent. C'est, à chaque minute, sa vie qu'il met en question. Dans cette charpente mouvante, que le vent fait ployer, sur les branches arrondies et glissantes, il se campe, tandis qu'à deux bras tendus, des deux mains, il manœuvre la longue perche. Tantôt le voilà à cheval sur la branche, tantôt il s'agrippe des pieds aux intersections des branches et du tronc, ou il cherche à s'accrocher aux rugosités de l'écorce ; comment peut-il tenir, tandis que, pour atteindre la châtaigne aux extrémités des rameaux, il se met debout et se penche en avant et s'étend aussi loin qu'il le peut, maniant cette gaule si lourde et si longue dont le poids risque de lui faire perdre l'équilibre. S'il ne se casse pas le cou, c'est miracle. Les femmes courent aussi des dangers pendant qu'au bas de l'arbre. elles remplissent les corbeilles ; l'homme, en prenant son élan, a lâché sa gaule ; la gaule, en tombant, peut blesser grièvement, cela s'est vu, car l'ouvrière, courbée sur sa glane, ne songe pas à se garer. Quel fruit coûte plus cher aux braves paysans que cette petite châtaigne ? Qui, de nous, se doute de son véritable prix, lorsque pour quelques sous, nous rapportons à la maison le sac brûlant du marchand de marrons de nos rues !

Il est incontestable que les travaux agricoles ne vont pas sans de réels dangers, sans sacrifices et sans fatigues. Le Basque dit que la femme dont les pieds sont de sel ne doit pas laver. La femme dont les bras sont de coton et les jambes de papier mâché fera bien de se trouver une cachette pour s'y installer une litière. Mais sera-t-elle mieux en ville qu'à la campagne, pour rester paresseuse ? J'en doute. La faim a vite fait découvrir les cachettes de la femme oisive, aussi bien à la ville qu'à la campagne.

Si l'agriculture fait des victimes, ce sont des exceptions. Comptera-t-on, au contraire, le nombre des victimes des ateliers urbains ? N'est-ce pas dans ces ateliers que se perdent les vies ? En ville, la phtisie tient le haut du pavé. En trois générations, cette maîtresse a expédié la famille arrivée des champs, robuste et saine, quelques années auparavant. C'est une loi de destruction fatale qu'a révélée l'implacable statistique. En ville, l'anémie épuise la jeune fille et la vieillit à vingt ans ; la jeune fille a quitté son village et ses champs pour vivre de la vie des demoiselles et elle en meurt! En ville, les industries malsaines causent d'incurables maladies : nécrose des os, empoisonnements de diverses variétés, tuberculoses. Oh! si les médecins savaient donner d'efficaces ordonnances, sont-ce des pilules et des extraits qu'ils feraient prendre à leurs malades citadins? Ne serait-ce pas tout simplement la clef des champs? En ville on mange des aliments malsains, on boit des breuvages frelatés, on respire un air vicié qui nous fait horreur lorsqu'un beau rayon de soleil qui le traverse, le rend visible, et nous le montre épais, chargé de poussières et de germes morbides. En ville, la famille se disperse, les enfants vagabondent. On est loin des choses de Dieu, on se prive de beautés idéales, on se sèvre des biens que Dieu a accordés pour le réconfort de la race humaine. Il faut se demander si, en ville, on n'est pas séparé de Dieu lui-même! Dieu est-il dans nos villes, y ouvre-t-il sous nos yeux, comme il le fait à la campagne, le livre de ses merveilles? Non, mille fois non. En ville, le livre que l'on feuillette est un mauvais livre, le livre d'une humanité déchue, découronnée. Ne désertons pas les champs! Que notre courte carrière ici-bas s'écoule dans le labeur et dans la paix. Restons où se trouvent notre berceau, notre famille : Bretons en Bretagne, Berrichons dans le Berry, Béarnais en Béarn, Basques dans leur beau pays. Ne nous séparons ni des amis, ni du genre d'existence, ni des travaux auxquels dès l'enfance nous avons été accoutumés. Ce qui a suffi aux pères, doit suffire aux enfants. Reprenons faucilles et sar-

cloirs et nos paniers pour les vendanges. Nos âmes
se rasséréneront, nos corps resteront robustes. Déchaussons de nos pieds ces souliers trop étroits,
brûlons au feu les corsets malfaisants. Et puis,
voyant tous les jours. par nos plaines et par nos
vallées, les volées de passereaux nourris suivant
leurs besoins, notre foi sera fortifiée et nous irons
chantant comme eux savent gazouiller.

Après avoir parlé de la paysanne, nous voyons
surgir dans notre souvenir d'autres types de femmes,
entre autres l'ancienne mendiante basquaise qui,
maintenant, a presque disparu. C'était un des types
de femmes les plus curieux de la région. Mais elles
sont descendues dans la tombe, les unes après les
autres, les vieilles femmes qui, dans leur première
enfance, avaient assisté à l'invasion des Espagnols
dans les villages de la frontière et entendu dévaler le
long des montagnes, par le col d'Ispégny, les lourds
canons des Anglais en route pour Toulouse. Ces braves vieilles ne ressemblaient en rien aux mendiantes
de nos villes. On ne les a pas vues, dans leur jeunesse,
implorer la pitié des passants, un marmot loué à
l'heure ou à la journée sur les bras. Lorsqu'elles
étaient jeunes, elles travaillaient, elles gagnaient leur
pain avec vaillance. L'âge est venu, avec l'âge le déclin
des forces. Alors elles ont eu recours à la charité publique. Entourée de ces conditions de respectabilité,
la mendicité ne pouvait emporter aucune défaveur.
Au contraire, autrefois, on éprouvait à l'égard des
mendiantes, une affectueuse commisération ; on les
recevait avec beaucoup d'affabilité, on les traitait

avec bonté. Faire l'aumône était une des principales
vertus et le privilège de la maîtresse de maison.
Telle maîtresse s'était acquis une réputation par ses
charités ; on citait son nom avec admiration, parce
qu'elle savait faire généreusement part de ses biens
aux pauvres. Elle ne donnait pas d'argent, car elle
n'en avait pas. Elle donnait les produits du sol : des
haricots, des pommes de terre, du pain, des morceaux de méture selon le degré d'aisance de la
famille. Pour emporter sa quête, la mendiante s'était
munie d'un sac cousu aux deux bouts qu'elle jetait
sur son dos en passant sa tête par une ouverture
ménagée au milieu du sac. De cette façon, la charge
s'équilibrait dans les deux poches du sac. Dans
chaque village, un jour était réservé aux pauvres.
On les voyait revenir régulièrement : on les connaissait, on les attendait. Dans les maisons éloignées, on
leur gardait de la paille, des couvertures, quelquefois
une couchette. On leur destinait un gîte où ils
passaient la nuit après avoir pris part au repas de la
famille.

Lorsqu'une mendiante frappait à sa porte, la première question que lui posait la maîtresse était
souvent : « Qu'y a-t-il de nouveau » ? La mendiante
était une gazette vivante, et c'était la seule gazette
qui parvint aussi loin dans les pays perdus de la
montagne. Elle ne se faisait pas prier pour raconter
ce qu'elle avait vu et appris dans le cours de ses
périgrinations. Elle savait embellir les nouvelles et
possédait à un haut degré le talent de l'amplification,
surtout lorsqu'elle vantait la libéralité des personnes

charitables à son égard. Si son récit paraissait amusant, la maîtresse la retenait à souper pour que
toute la famille pût l'entendre à la veillée du soir,
après le travail de la journée. Quelques vieilles
femmes d'une mémoire extraordinaire récitaient des
complaintes versifiées dont les couplets se suivaient
à l'infini. Les auditeurs ravis, écoutaient sans se
lasser. Malheureusement, ces complaintes n'ont pas
été notées à temps et sont maintenant oubliées de la
génération présente. A une époque où les commu-
nications étaient aussi difficiles que rares, les mendiantes avaient un rôle utile. Les contes de fées, les
pièces de théâtre où l'auteur fait intervenir la vieille
femme en haillons qui est chargée de porter à la
jeune et belle séquestrée les assurances de la libéra-
tion prochaine, ne sont pas pures fictions. Ce sont
mœurs plus conformes à la réalité qu'on ne le sup-
pose. Grâce à leur vie errante, les mendiantes servaient d'intermédiaires entre les familles ; elles se
chargeaient de messages d'une maison à l'autre ;
elles négociaient des mariages et les promesses des
fiancés s'échangeaient par elles. On leur a attribué
avec raison la conclusion de mariages riches, de
mariages importants : leur discrétion était à toute
épreuve.

Que leur rapportait leur industrie ? Peu de chose,
sans doute, mais suffisamment pour pourvoir à
leurs besoins : on vivait de si peu, il y a une soixantaine d'années ! Les provisions qu'elles avaient amas-
sées dans leurs sacs, elles allaient les vendre dans
les fermes pour la nourriture des bestiaux et de la

volaille. On leur donnait un sou par kilo de morceaux de pain. Elles recevaient aussi, et c'était une des formes que prenait la charité, du lin à filer. Elles pouvaient gagner en filant de 2 à 3 sous par jour. Ces gains nous paraissent minimes, mais leur valeur s'élève si nous les comparons aux salaires des ouvrières de la campagne vers la fin de la Restauration. De 1820 à 1830, la journée de femme pour couper la fougère, pour piocher les champs, se payait six sous. Certains travaux mieux rémunérés, ceux de la vendange, cueillir le raisin, le porter à la cuve, valaient dix sous. Ce chiffre de dix sous représentait, du reste, le salaire ordinaire des ouvriers. Il nous faut arriver à 1835 pour trouver dans les anciens livres de comptes basques des salaires agricoles de douze à quinze sous par journée d'homme. Le prix des loyers, les denrées alimentaires, étaient d'une valeur proportionnelle. Le loyer d'une petite maison avec son jardin variait de 10 à 20 francs par an ; la viande, dont on ne mangeait pour ainsi dire jamais, se payait 6 ou 8 sous la livre basque, c'est-à-dire le kilo et demi.

La mendiante, lorsque c'était une méchante créature, savait se doubler d'une prétendue sorcière et se faisait attribuer une puissance mystérieuse pour exploiter la crédulité des paysans. Elle jetait le sort sur le bétail, sur les enfants. On la redoutait. Lorsqu'on lui donnait l'aumône, c'est qu'on n'osait pas lui refuser, et elle savait menacer et maudire jusqu'à ce qu'elle eût obtenu ce qu'elle voulait. Souvent la mendiante, pour augmenter ses petits profits, ne dédaignait pas la contrebande. Elle dissimulait sous ses jupes des sacs de sel qu'elle portait d'Espagne en France, du sucre, du café, qu'elle était certaine de vendre dans les maisons qu'elle fournissait de ces denrées.

Nous avons connu en 1850-1860 de vieilles femmes qui, dans leur jeunesse, avaient été de hardies contrebandières ; elles franchissaient par la nuit noire, la pluie, le vent, les cols par lesquels le passage est possible de France en Espagne et d'Espagne en France : elles avaient d'audacieuses ruses pour tromper les douaniers et les emmener sur le haut d'un pic, tandis que les compagnons et les compagnes contournaient le précipice et arrivaient sains et saufs dans la maison complice où les lourds fardeaux se dissimulaient dans de secrètes loges, dans des cachettes de cave qu'aucun Basque n'aurait jamais dévoilées. C'est ainsi que pendant la guerre carliste, avant 1870, il se fit par la frontière de la vallée de Baigorry, une contrebande formidable de cartouches, de poudre, d'armes de toutes sortes pour les belligérants des provinces basques qui se préparèrent de longue main à la lutte contre les troupes espagnoles.

OPINION DU BASQUE SUR LA FEMME

Nous nous demandons quelle est l'opinion du Basque sur la femme, et, à cette question, nous ferons la réponse la plus banale. Le Basque, lorsqu'il parle de la femme, ne diffère pas de langage avec celui de la généralité des hommes de toutes les épo-

5.

ques et de toutes les races. Il devient satirique. Toute son ironie s'adresse au sexe faible. Se souvenant d'Ève il dira : « Amuse le chien avec un os et la femme avec un mensonge ».

Dans le recueil des proverbes basques de l'avocat au parlement de Navarre Oihénart, nous apprenons que la femme est une créature portée à la vanité : « Une servante de pays lointain a bruit de demoiselle ». Elle est dissipée ; « Les trop longues promenades perdent les poules et les femmes ». Elle est coquette : « Johanna a sa robe de drap fin, sa pitance, c'est la fève : son potage est comme de l'eau de lessive ». La femme est, bien entendu, versatile : « L'esprit de la femme est léger comme le vent du Midi ». Sa beauté est un piège : « La belle est d'ordinaire fainéante ». Avant de prendre femme, on ne saurait trop peser et examiner : « L'or, la femme et les étoffes, ne les choisis qu'en plein jour », et quelque avisé qu'ait été Domingo dans le choix de son épouse, encore aurait-il lieu de se repentir car, en se mariant, il a épousé les soucis : « Domingo, dit le proverbe, prends une femme et après dors tant que tu voudras, car elle aura assez soin de t'éveiller ». Il lui en cuira s'il a été assez sot pour faire un mariage d'ambition : « Celui qui prend femme de grande maison ne sera pas sans noise à la maison ». S'il la prend à cause de sa dot, la sagesse des Basques, d'accord avec celle des nations, l'avertit que « celui qui choisit sa femme par seule considération de sa dot, s'en repent dès le lendemain, à cause du mal qui lui en revient ». Mais voici un proverbe qui est

moins juste et plus cruel : « Le jour où l'on se marie,
c'est le lendemain du bon temps ». La marâtre reçoit plus justement des coups d'épingle : « La marâtre, quoique faite de miel, n'est pas bonne ». Il ne
s'est jamais trouvé au monde qu'une seule bonne
marâtre et le loup l'a emportée ». Et ceci : « Marâtre,
dis-moi : « Tiens » et non pas : « en veux-tu ? » Un
esprit plus équitable à l'égard de la femme se révèle
cependant par le proverbe suivant : « C'est à force
de filer que notre maîtresse a provision de linge, et
non pas pour être restée à la maison ». En fin de
compte, dans la lutte contre le pouvoir de l'homme,
la femme s'avoue vaincue : « Qui a mari a seigneur »,
dit le proverbe.

Le recueil des proverbes basques, d'Arnaud
Oihenart, est un livre très ancien, son auteur était
originaire de Mauléon et écrivait en 1638 : 500 proverbes forment le recueil, dont un grand nombre semblent s'être inspirés des maximes de l'Ecclésiaste et
ne sont pas d'une originalité bien frappante. L'ouvrage est difficile à se procurer, l'édition première
est introuvable ; elle a été rééditée à Paris, en 1847.
C'est un des rares livres authentiques du XVII° siècle
que l'on possède en langue basque, car la littérature
basque n'est ni très ancienne, ni très riche.

Parmi les plus anciens et précieux livres, il faut
mettre en première ligne la traduction en basque
du Nouveau Testament, par Jean de Liçarrague, de
Briscous, traduction imprimée à La Rochelle, en
1571, sur les ordres et aux frais de Jeanne d'Albret,
à une époque où, d'après les savantes recherches

de M. Vinson, la Réforme avait pénétré dans la partie du pays basque soumise à la domination de la reine Jeanne, c'est-à-dire en Soule, dont la capitale était Mauléon ; et en Basse-Navarre, pays qui s'étendait de Saint-Palais à la frontière espagnole et dont Saint-Jean-Pied de-Port a été pendant un temps la ville royale. La pénétration de la réforme a été passagère ; il y a eu pourtant des martyrs : tels que Domingo d'Artigoaity de Montory, âgé de 45 ans ; Mayrotte de Laregorsen, âgé de 35 ans, et Marie d'Etchecopar, âgée de 35 ans, en 1569 (*Histoire des Martyrs du Béarn, 1619, f° 850-1*).

Les Basques se calomnient eux-mêmes lorsqu'ils décochent à l'adresse de leurs braves compagnes, comme nous le disions en parlant du recueil des proverbes basques, de ces traits malicieux que l'avocat Arnaud Oihénart a aiguisés et soigneusement mis en réserve dans le recueil de ses proverbes. Les anciens usages et les mœurs démentent des plaisanteries qui sont de mauvais aloi.

Avant la Révolution, en Soule, dans le Labourt et en Navarre, les Fors et les Coutumes générales ne s'inspiraient nullement d'un esprit de méfiance à l'égard de la femme, ils se signalaient, au contraire, par un féminisme bien tranché, pour parler le langage de notre siècle. Il est facile de s'en convaincre, si l'on prend la peine de parcourir l'ouvrage de l'abbé Haristoy : *Recherches historiques sur le pays basque* (Bayonne, 1884). Le second volume de l'ouvrage reproduit le texte des antiques législations de la contrée. Ces vénérables documents sont pour surprendre les personnes qui ne voient que dangereuses innovations dans les modestes réformes que des féministes dévoués sollicitent depuis si longtemps de la générosité des Chambres. On s'étonnerait d'y trouver telles dispositions qui sauvegardent les droits féminins et la sécurité des jeunes filles. Certaines de celles-là paraîtraient de nos jours plus que progressistes et bel et bien subversives. Parmi les plus anodines, citons la réforme qu'il a été si long, si difficile de faire entrer dans notre code, que les Chambres ont votée, de guerre lasse, en 1907 : je veux dire le droit pour la femme mariée qui travaille, de disposer librement de son salaire. Une disposition analogue existait, de temps immémorial, chez les Basques. En 1520, lorsque la Coutume générale du vicomté de Soule fut publiée par devant Maître Jean d'Ibarrola, après avoir affirmé le privilège du mari de gérer les biens de la communauté, la Coutume ajoute : *Si non que la femme ait des biens acquis par son industrie*. Les Fors du Labourt, révisés en 1513, sous l'épiscopat de l'évêque de Bayonne, Bernard de Lahet, s'exprime pareillement au chapitre des droits du mariage. Le mari dispose des biens qui sont communs aux deux époux, *comme seigneur d'iceux, entre vifs, à son plaisir et volonté : si ce n'est que la femme les eût acquis par marchandise ou par industrie*. Voilà des réserves féministes qui donnent un grand âge, si je ne me trompe, et de respectables aïeux à des soi-disant nouveautés. Mme Jeanne Schmahl, la vaillante directrice de l'Avant-Cour-

rière n'ignorait pas, du reste, l'existence de ses parchemins ; elle avait mis au nombre des arguments,
l'ancienneté de sa thèse et l'avait fait valoir pour
établir le bien fondé de ses instantes prières au bénéfice de la femme et de la femme pauvre surtout.
Des dispositions non moins justes parmi les coutumes basques sont celles qui sauvegardaient la sécurité de la jeune fille. Certains articles ne parlent de
rien moins que de trancher la tête des mauvais sujets
trompeurs et sans scrupules ; toutes imposent au
séducteur, le mariage ; *lui-même la doit doter* (cette
jeune fille), dit en propres termes un des articles de
la Coutume générale, *et s'il ne veut ou ne la peut
prendre à femme, lui donner un douaire raisonnable
selon la qualité de sa personne et à discrétion du
bailli.* (For général de Navarre, rédigé en 1608, sur
l'ordre de Henri IV, à l'usage du royaume de Navarre et d'après un texte qui remontait au XIIIe siècle,
texte précédé lui-même d'un modèle d'une antiquité
bien plus reculée encore).

Sous le rapport des droits qu'on reconnaissait à la
femme, il n'est pas indifférent de noter au passage
que la fille aînée, comme nous l'avons déjà dit, qui,
à défaut d'un fils aîné et de préférence aux garçons
cadets, héritait des biens paternels, exerçait une véritable tutelle sur ses frères et sur ses sœurs, au mariage desquels elle devait veiller, *ayant égard à la
qualité des biens d'iceux.* Elle devait surtout veiller
au mariage de ses sœurs ; elle était tenue de payer
les dettes qu'avaient contractées le père et la mère :
elle succédait ainsi à ses parents dans les devoirs

comme dans les droits, afin de conserver à la maison dont elle était devenue le chef, le caractère sacré du foyer domestique ; ce foyer, elle l'ouvrait comme une demeure tutélaire où tous les membres de la famille pouvaient venir se retirer et y vivre ; les jeunes y demeuraient avec les oncles, les tantes, les grands-parents. Le toit hospitalier était la possession inaliénable dont on portait le nom, dès qu'on en devenait propriétaire. En Navarre, paraît-il, la maison avait le privilège d'être un lieu d'asile au même titre que les églises et les couvents. Le maître ou la maîtresse qui recevaient chez eux un étranger, *non voleur avéré*, était autorisé à répondre à qui venait lui réclamer son hôte : « Respecte-le tant qu'il sera chez moi ; quand il n'y sera plus, tu feras valoir tes droits, si tu peux ». Lorsque l'héritière appartenait, par sa naissance, à la noblesse, elle entrait en possession des privilèges de sa maison ; lorsqu'elle se mariait, si son père vivait encore, en s'établissant sous le toit paternel, elle recevait les droits et le titre de co-propriétaire et de co-seigneur.

La reconnaissance de cette égalité de droits entre l'homme et la femme assurait à la famille la perpétuité et lui donnait plus de cohésion, plus de fixité, La maison ne tombait pas en quenouille et ne changeait pas de mains, malgré que le jeune maître que le mariage y faisait entrer fût d'une famille étrangère. Son adoption était complète ; ses anciens noms et qualités étaient absorbés par les nouveaux noms et les nouvelles prérogatives dont le mariage l'avait rendu possesseur. Il était implanté chez l'héritière comme un rejeton de la race qu'il allait continuer.

Les Fors sont maintenant abolis et le code civil régit les Basques. Mais les mœurs ont gardé l'empreinte des anciennes coutumes; nous en avons déjà donné des preuves lorsque nous avons montré l'autorité de la femme pour la direction des affaires de sa maison et de ses biens. La trace en est aussi visible lorsque nous considérons la mère. Pour l'éducation des enfants, la mère jouit de toutes les prérogatives maternelles : elle instruit sa jeune progéniture, lui donne les premières notions religieuses. Il est sans exemple que le père intervienne dans des questions qu'il estime être essentiellement féminines. La grand'mère est l'associée de la mère. Cette association est un vestige des anciens Fors. Actuellement, la grand'mère n'est plus qu'une associée bénévole, mais lorsque l'on cause avec les personnes âgées du pays, on sent qu'il est resté quelque chose de plus que les rapports habituels de mère à fille et petits-enfants. La grand'mère est l'associée sur laquelle on a appris à compter de tout temps et avec laquelle on compte parce qu'on lui reconnaît une autorité que les mœurs lui donnent. Dans une famille de cultivateurs, c'est une associée précieuse. Elle garde les petits, se fait pour eux servante et mère pendant que la jeune mère est absorbée par son travail.

Les Fors prolongeaient l'autorité de la mère, ou de la grand'mère à défaut de mère sur les enfants jusqu'à l'époque du mariage. On lit à ce sujet dans les Fors de la Navarre, un article significatif : « Les fils et les filles ne se marieront pas clandestinement de leur père et *mère*, ou à leur défaut de leur grand-père et *grand'mère*, et sans leur volonté et consentement, sous peine d'être déshérités par les dits père et mère, grand-père et grand'mère de leurs biens... et les dits mariages seront nuls et déclarés tels par le juge compétent. »

Ainsi, lorsqu'il s'agissait de l'établissement de ses enfants, la mère avait son mot à dire, un mot qu'on écoutait parce qu'il était accompagné de deux sanctions singulièrement redoutables : la perte de l'héritage et la nullité du mariage. Voici du féminisme de la plus belle eau, et combien plus sensée la disposition de l'ancienne coutume que notre loi française dont l'outrageante injustice ignore la mère au moment le plus angoissant pour son cœur maternel, au moment du mariage de son fils ou de sa fille. La sollicitude de la mère n'a jamais été plus en éveil qu'en cet instant décisif et voilà cette femme, maintenant d'âge mûr et d'expérience, qui est traitée en indifférente, en étrangère, en incapable malgré une vie de dévouement, en retour de ses sacrifices quotidiens. Notre Code se fait par là le complice de l'esprit d'indépendance vis-à-vis de l'autorité maternelle d'enfants empressés à secouer le joug.

Du reste, de ce que nous venons de citer, il ressort que c'était *conjointement* que le père et la mère, le grand-père et la grand'mère devaient accorder leur consentement au mariage des enfants ou petits-enfants.

Mais alors, objectera-t-on, en cas de conflit entre les parents, qui décidait la question? Nous ne savons s'il appartenait au juge, en Soule, au bailli, en Navarre, ou bien aux prêtres des paroisses de statuer lorsque l'assentiment de l'un ou l'autre faisait défaut ; mais c'est là une des moindres difficultés. Dans tous les pays civilisés du monde, on sait trancher les différends à l'aide d'arbitres, conseils de famille, décisions de justice. Telle est la procédure que demandent les féministes. En cas de conflit entre les parents, ils demandent l'application d'un principe que notre Code admet et applique pour les questions en litige autre que celles qui concernent des difficultés qui peuvent surgir entre le père et la mère au sujet de l'éducation et de l'établissement des enfants ; ce principe n'est autre que l'intervention du juge en chambre de conseil ; ce recours à l'autorité judiciaire est admis dans les provinces baltiques où le Code civil décide que si la mère est convaincue que la volonté du père est de nature à porter préjudice aux enfants, elle peut s'adresser au juge. Le Code Autrichien, le Landrecht Prussien, le Code Saxon, le Code Italien permettent également à la mère de faire entendre sa voix dans la famille et de se faire écouter.

Mais avant tout, au-dessus des arguments que les Codes humains peuvent nous fournir en faveur de l'autorité maternelle, il y a les indications de la nature, lesquelles sont clairement au bénéfice de la mère et ce sont ces indications qui doivent nous toucher le plus vivement. Epreuves, soucis, travail supporté pour l'amour des enfants, de qui sont-ils le lot si ce n'est de la femme ? C'est elle qui peine le plus, à commencer par l'acte premier, la fonction féminine par excellence : la maternité, que Dieu l'a chargée d'accomplir dans la douleur et par la douleur.

Pourquoi, puisque le travail et les devoirs des deux conjoints, quoique de sortes différentes, se départagent et s'équilibrent entre eux chacun dans la sphère qui leur a été dévolue, la puissance maternelle ne se départage-t-elle pas et ne s'équilibre-t-elle pas avec la puissance paternelle ? Cette inégalité de droits est une criante iniquité à l'égard de toutes les femmes, quelle que soit la classe sociale à laquelle elles appartiennent, une iniquité plus criante encore lorsqu'il s'agit de la femme du peuple, de la femme pauvre. Il n'est pas surprenant, qu'effrayées par les conditions léonines que l'homme leur impose légalement par le mariage, les filles du peuple répugnent à s'engager devant la loi et disent qu'elles préfèrent ne pas se marier pour conserver sur leurs enfants leur autorité.

Pour la paysanne en particulier, combien sont onéreuses et pénibles les multiples obligations de la maternité, la sujétion du nourrissage, le soin des petits enfants ; tandis que le père, lui, ne connaît que la joie de se sentir choyé par les petits, quand il revient des champs. Une bouche de plus à nourrir, la bouche d'un de ces gamins, qu'est-ce pour lui, quel surcroît de travail cela lui impose-t-il ? Moins que rien. Mais la mère, pendant qu'à la maison et au

dehors, active à sa besogne, elle va et vient, il lui
faut prendre les petits dans ses bras ou les traîner
suspendus à ses jupes. Pendant sa grossesse, elle ne
peut s'accorder de relâche, elle travaille tous les
jours, car il le faut bien. La fatigue qui se lit sur ses
traits fait pitié. A force de s'épuiser, cette jeune
femme, à la primeur de son âge, perd tout à coup sa
jeunesse et revêt l'apparence de quarante années. Ne
sont-ce pas autant d'indications de la nature pour
dire, pour crier à ceux dont le cœur est capable de
s'inspirer de justice, que la mère est quelqu'un, et
qu'il est inique au regard des enfants, de feindre
l'ignorer et de l'outrager en l'accablant d'une mino-
rité imbécile.

III

LES BRAVES FEMMES BASQUAISES
VIE DE CATALINA DE ERAUSO
ESCUALDUN EMAZTEKI AZCARRA

Dona Catalina de Erauso a raconté elle-même ses aventures. C'est Joachim-Maria de Ferrer qui s'est fait, en espagnol, l'éditeur de son auto-biographie, reproduisant avec ses mémoires des notes suggestives et un portrait de cette héroïne. Le volume, daté de Paris, 1829, porte comme épigraphe deux vers basques qu'il faut traduire par ces mélancoliques paroles :

> Pour être homme, je me suis mise en route,
> Mais sur le chemin effrayant, je me suis perdue.

C'est que la Catalina de Erauso, « la Monja Alferez », la *Nonne Sous-Lieutenant de Cavalerie*, comme on l'a surnommée, appartenait par la naissance et par sa famille au Guipuzcoa, pays basque espagnol dont Saint-Sébastien, cette fleur de la côte Cantabrique, est devenue aujourd'hui la ville la plus importante. Nous n'avons pas le dessein de représenter notre « Monja Alferez » comme un modèle que nous proposerions à l'imitation de nos lectrices ; ce qui nous intéresse chez elle. s'inspire de moins hautes visées, car c'est simplement au point de vue de l'énergie physique, de la force et de l'endurance corporelle que nous nous plaçons. Son existence troublée, ses travaux militaires, sa vie en campagne et dans les camps lui assigne une place d'honneur parmi les femmes que nous nous plaisons à nommer « Hescualdun Emazteki Azcarra », c'est-à-dire « basquaise robuste »; ces femmes intrépides, par leur existence courageuse fournissent de sérieux arguments en faveur de la thèse très plausible de l'égalité originelle des sexes au point de vue de la vigueur musculaire dont la nature avait pourvu nos primitives grand'mères. Catalina a été l'égale, en énergie, des soldats au milieu desquels s'est écoulée sa carrière : son exemple n'est pas unique certainement. Des cas exceptionnels qui doivent servir d'encouragements aux apôtres de l'éducation physique des deux sexes comme moyen de régénérer notre race, se retrouvent ainsi de temps à autre. Il y a quelques semaines, un journaliste russe racontait que pendant la guerre de Cuba, il avait fait la connaissance d'une femme qui occupait dans l'armée le rang de capitaine ; c'était une dame de bonne famille, âgée de trente ans, au visage très sympathique, éclairé par de grands yeux noirs. Elle ne réclamait aucune des prérogatives que son sexe aurait pu lui assurer et conduisait vaillamment sa compagnie au feu.

Comme les insurgés manquaient de médecin, souvent elle pansait et soignait les blessés. Le journaliste russe s'entretint avec elle pendant une heure et fut très frappé de ses profondes connaissances militaires. Elle était aimée et respectée de tous, mais surtout des enfants pour qui elle se montrait remplie de sollicitude et d'attention. Les journaux américains la surnommèrent la Jeanne d'Arc cubaine, bien qu'elle ne fût pas seule de son sexe dans les rangs des insurgés et qu'en somme elle n'ait pas joué dans le mouvement, le rôle providentiel de l'héroïne française.

Nous ne serions nullement surpris que les femmes dont parle le correspondant russe fussent d'origine basque; il est à regretter qu'il ne nous révèle pas leurs noms.

Au début, la nature avait bien fait les choses. Le peintre de grand talent, M. Cormon, lorsqu'il a voulu retracer l'histoire de l'humanité par les belles et nobles compositions que nous avons pu admirer à une des expositions du Champ-de-Mars (1), a représenté l'homme et la femme aux premiers âges, compagnons égaux pour la force, si la supériorité n'appartient même pas à la femme que l'on voit occupée aux travaux les plus pénibles, courbée sous le poids de lourds fardeaux. Les temps progressent, la civilisation vient et apporte son luxe et son confort. L'affadissement physique est la conséquence des usages factices et conventionnels et inflige à la femme l'impotence et la langueur ; alors, achevant de prouver sa thèse, au point de l'évolution déclinante, le peintre a évoqué les femmes élégantes et délicates des salons célèbres. Mme Récamier, la Borghèse, les belles princesses du premier empire.

(1) Les tableaux si suggestifs de M. Cormon doivent être actuellement exposés au Petit Palais des Champs-Elysées.

Pour rendre à l'organisme féminin les salutaires et courageuses énergies natives, retournons en arrière, ramenons nos enfants vers les origines et parcourons en sens contraire la route qu'a descendue l'humanité ; remontons vers les hauteurs, vers les lointains cantons que les innovations modernes et les progrès n'ont pas encore contaminés.

Le touriste qui vient de Bayonne et qui suit la vallée de la Nive pour s'enfoncer dans les montagnes vers la frontière espagnole, s'arrête dans la pittoresque vallée d'Ossès. Le chemin de fer l'y amène. Là, il pouvait voir avec surprise, sur le quai de la gare, des femmes que l'on employait au chargement des wagons de marchandises. Ces femmes, vraies femmes d'équipe, n'étaient pas de taille très élevées : c'étaient des ragottes d'une carrure respectable : quelques-unes d'entre elles étaient jeunes. Elles roulaient sur le quai et embarquaient d'énormes sacs de laine et des ballots fortement comprimés de peaux de moutons dont le poids est effrayant. Elles chargeaient les colis à l'aide de crochets de fer. Nous nous approchâmes d'elles et nous leur demandâmes combien elles doivent être de femmes ensemble pour accomplir le travail d'un homme. Les deux jeunes filles auxquelles nous nous adressions avaient à peu près dix-huit ans : elles étaient gaies et causantes. La question les amusait. « A deux, nous disent-elles en riant aux éclats, nous en faisons rudement plus que Johannès que vous voyez là-bas, les mains dans les poches ». Johannès s'approcha : c'était le contremaître qui les surveillait d'un air assez rogue. « Laissez donc, n'en croyez rien, dit-il, de ces fillettes-là, il en faut bien trois pour faire la tâche d'un homme ». Elles protestèrent : on ne se mettait pas d'accord, on parlait, on discutait, mais en attendant le travail s'accomplissait avec entrain. Bientôt le wagon de marchandises fut au complet et les ouvrières passèrent à un autre chargement avec une égale bonne humeur. Ces femmes qui travaillaient de longues journées, gagnaient un franc par jour. Il paraît que ce maigre salaire les satisfaisait. Elles pouvaient se nourrir moyennant trente ou quarante centimes et n'avaient pas de loyer à payer, puisque presque toutes vivaient dans leurs familles. Les gains de ce genre entrent comme appoint dans des ménages d'agriculteurs et y apportent un peu d'argent, chose si rare.

Lorsque l'on pénètre encore plus avant dans les montagnes, la vie se fait de plus en plus primitive et les exemples de fortitude féminine se multiplient, propres à amener de sérieuses réflexions chez nos ouvrières des villes. Que ne pouvons-nous enlever nos pâles enfants à leurs ateliers malsains et les transplanter dans ces régions vivifiantes ! Il y a là-bas encore aujourd'hui, dans ces villages paysans, des femmes robustes comme les hommes, entreprenantes, assidues à la besogne, qui conduisent leurs voitures par tous les temps, à toutes les heures du jour et de la nuit, cochers intrépides qui suivent les chemins dangereux, le long des précipices, par des descentes incroyables ; d'autres femmes manient le marteau sur l'enclume, sont maçons, charpen-

tiers, et au besoin n'hésitent pas à saisir la pique du
mineur pour faire sauter des quartiers de roc à la
dynamite. Ne leur parlons pas d'anémie à celles-là,
ni d'alanguissement : les enfants naissent entre
temps ; on s'étonne que la grande route ne serve pas
de premier berceau aux petits, car la mère ne reste
pas à la maison dans l'attente de l'événement, elle travaille, elle marche toujours : mais ajoutons un détail
de la dernière importance ; elles ne portent pas de
corset et n'est-ce peut-être pas tout le secret de leur
robuste constitution. Là où l'usage du corset pénètre,
fût-ce dans la région la plus vivifiante, l'anémie
arrive, et de ces vaillantes fait des femmelettes. Citons aussi les femmes de la frontière espagnole, les
Ahetze de la vallée d'Ahescun qui viennent en troupe
en France pour piocher les vignes en février et mars.
Elles sont alertes, vêtues de leur jupe courte et gentilles dans leur chemisette blanche que retient un cor-
selet de velours noir. Elles portent sur la tête un mouchoir qui flotte par dessus la longue tresse de leurs
cheveux ; chacune d'elles, en descendant de la montagne, est armée de sa pioche, dont elle va vivre
pendant six semaines. Elles font un travail très pénible, elles piochent aussi dur que les hommes et on
les préfère à ces derniers parce qu'elles coûtent
moins cher aux agriculteurs. Sans doute, pauvres
Ahetze, leurs mains sont calleuses et brunies, mais
qu'il fait bon serrer ces mains-là ! Nos jeunes pari-
siennes rougiraient de telles callosités et de telles ci-
catrices ; elles montreront leurs mains molles et déco-
lorées, leurs doigts longs de fainéantise. Elles diront

volontiers ; « Regardez mes mains. Suis-je faite pour travailler ? » Honte de notre sexe ! Quant le Maître recevra ses serviteurs et ses servantes, il prendra d'abord dans ses Mains divines, nos mains mortelles et ne dira-t-il pas, s'il y voit des callosités, des blessures du champ de bataille de la vie : « Cela va bien ? » Oui, comment en serait-il autrement ? Il est inévitable que l'inspection soit passée d'une façon rigoureuse et en ce jour que l'Eglise annonce : *Dies irae, Dies illa favillae*, quelle contenance feront les ongles longs et nacrés ?

Rien de ces stigmates de l'oisiveté chez notre héroïne, Catalina de Erauso, dont nous voulons redire rapidement quelques-unes des aventures. Elle était la fille de Miguel de Erauso et de Maria Perez de Calarraga, donc de pure race basque. Elle naquit à Saint-Sébastien, en l'an de grâce 1558. A l'âge de quatre ans, ses parents la mettent au couvent chez les Dominicaines. C'était enfermer dans une cage un jeune loup ou un petit aiglon. Jusqu'à quinze ans, elle supporta sa captivité sous la garde d'une tante qui était prieure, mais l'année même qu'elle devait faire sa profession, elle eut une dispute avec une religieuse, robuste gaillarde qui porta la main sur elle de fort leste façon. Catalina en fut si marrie qu'elle prit la résolution de s'enfuir à la première occasion favorable, « La nuit du 18 mars 1600, la veille de Saint-Joseph, écrit-elle dans ses *Mémoires*, la communauté s'étant levée à minuit pour chanter matines, j'entrai au chœur et j'y trouvai ma tante agenouillée qui m'appela et, me donnant les clefs de sa

cellule, me chargea de lui apporter son bréviaire.
J'allai le chercher, j'ouvris la cellule, et, en le prenant j'aperçus les clefs du couvent accrochées à un
clou. Je laissai la cellule ouverte et rapportai à ma
tante et les clefs et le bréviaire. Les matines étaient
solennellement commencées. A la première leçon, je
m'approchai de ma tante et lui demandai la permission de me retirer, me sentant malade. Ma tante me
toucha le front de la main et me dit ; « Va et remets-
toi au lit ». Je sortis du chœur, je m'emparai d'une
lumière, j'allai à la cellule de ma tante où je pris du
fil, des ciseaux et une aiguille. Je pris aussi quelques
réaux qui se trouvaient là et les clefs du couvent. Je
sortis, j'ouvris et je refermai les portes l'une après
l'autre jusqu'à la dernière, où je laissai mon scapu-
laire. Je me trouvai dans une rue que je n'avais vue
de ma vie et, sans savoir de quel côté me diriger, ni
où aller, je pris au hasard et allai donner dans un
bois de châtaigniers qui est hors de la ville et à deux
pas derrière le couvent ».

Catalina passa trois jours dans le bois, occupée à
tailler et à coudre un habit d'homme dans son costume de religieuse. Elle coupe et jette au vent ses
cheveux et la voilà, dans un accoutrement de jeune
garçon, lancée sur une route, avec une virtuosité
toute basquaise, ne sachant où elle porte ses pas.
Elle soutient une marche rapide de vingt lieues sans
autre nourriture que l'herbe du chemin ; elle arrive
à Vitoria. Un professeur qui la tient pour un jeune
garçon la garde chez lui. Quelques coups de férule
réveillent ses instincts rebelles ; elle se sauve de chez

son professeur et arrive à Valladolid, où elle trouve une place de page chez un secrétaire du roi. Mais son père la cherchait depuis sa fuite du couvent. Il arrive chez le secrétaire ; elle a le temps de se sauver avant qu'on l'ait reconnue ; elle sort de la maison, remplie de terreur et va se cacher pour la nuit dans une auberge. Le lendemain la retrouve sur la route de Bilbao, marchant à l'aventure, insouciante du chagrin qu'elle avait vu éclater chez son père, n'éprouvant ni regrets, ni remords. Une autre fois, par bravade, elle rentre dans son couvent, à Saint-Sébastien, assiste à la messe et se trouve aux côtés de sa mère. Cette rencontre ne lui cause pas la moindre émotion.

C'était plus loin, hors d'Espagne, que sa destinée l'appelait. Il lui fallait des pays et des besognes extraordinaires. Le lundi saint, elle s'engage comme mousse sur un bateau à destination de Panama. Le naufrage inévitable de toutes les histoires d'aventures se trouve à point pour la jeter sur une côte américaine. Elle prend la gérance d'un magasin. Cette gérance n'était certainement pas la place qu'il lui fallait et le commerce était le plus médiocre de ses soucis. A la moindre altercation, elle jouait du couteau, ce qui la mit en fâcheuse posture. Pour échapper à la prison qu'elle avait méritée, elle dut s'enfuir et planter là sa gérance. Elle arrive à Lima. Sa vocation encore hésitante se fait jour. C'est pour l'état militaire qu'elle est née ; elle sera soldat et elle s'engage pour la somme de 280 pesos.

Elle avait définitivement trouvé la carrière qui

6.

pouvait lui plaire, c'est-à-dire guerroyer, mener campagne, coucher sur la dure, vivre de rien, passer d'une émotion à une autre, d'un péril à l'autre. Elle est blessée, elle affronte vingt fois la mort et y échappe, elle donne aux ennemis de grands coups ; elle tue et se montre aux premiers rangs de sa troupe avec honneur et éclat ; son sabre ne demeure plus au fourreau, elle frappe à tort et à travers, elle insulte et se fait insulter, elle a des duels en nombre incroyable, comme le plus déterminé des bretteurs. On lui en voulait de son arrogance ; elle provoquait sans cesse et se disait insultée dans son honneur. Il lui advint d'être condamnée à mort sur de faux témoignages. Au pied de la potence, elle fait fière contenance, et les moines qui l'accablent pour qu'elle se confesse ne peuvent vaincre son obstination à refuser leur secours.

« J'arrivai à la potence, raconte-t-elle, les moines me faisaient perdre la tête par leurs cris et leurs poussées ; je montai ainsi quatre échelons, talonnée par un dominicain, frère André de Saint-Pierre ; il me fallut monter encore ; on me jeta autour du cou le roletin, c'est-à-dire la corde fine avec laquelle on étrangle, et comme le bourreau me la passait mal, je lui dis : « Mets-le-moi bien, ivrogne, sinon ôte-le-moi, ces bons pères suffisent. » Il était temps que le contre ordre expédié de la Plata arrivât. Les faux témoins avaient fait l'aveu de leur mensonge ; ils étaient condamnés à être pendus. Catalina était rendue à la vie et à la liberté.

Son grade d'officier, elle l'avait gagné à la bataille

de Puren, bataille livrée contre les Indiens arauca-
niens qui s'étaient révoltés dans le royaume du
Chili. Pendant cette bataille, seule survivante des
soldats qui s'étaient élancée avec elle pour reprendre
le drapeau des mains des Indiens, elle tua le
Cacique et ramena le drapeau au milieu de la troupe
espagnole.

La mort, elle s'en jouait avec l'entrain digne d'un
hidalgo de Calderon ; il y avait un danger qu'elle
courait sans cesse et qui la remplissait de transes
continuelles. Ce danger eut raison d'elle en un jour
de malheur où elle fut obligée d'avouer qu'elle
n'était qu'un soldat de contrebande et de déclarer
qu'elle n'appartenait nullement au sexe fort. Aussitôt
tous ses rêves d'indépendance, toutes ses aspirations
de gloire s'envolent et la réalité la réduit à reprendre
dans l'humanité la place dont elle s'était échappée.
Un saint évêque s'empare de la brebis égarée et la
fait mener en procession au couvent de Sainte-Claire,
à Guamanca, où les nonnes, averties de son arrivée,
lui font fête, la reçoivent comme une sœur et s'en-
gagent par écrit à la représenter à l'évêque chaque
fois qu'il pourrait la réclamer. En dépit des plus
grandes précautions et de toute la discrétion dési-
rable, ses aventures s'ébruitent, l'archevêque de
Lima s'en émeut et la fait conduire avec honneur à
Lima, dans une litière qu'accompagnent six ecclé-
siastiques, quatre moines et six hommes d'épée.
Son arrivée dans la capitale du Pérou fait grand
bruit ; elle y entre au milieu d'une affluence de
curieux qui assiègent sa litière. Tout le monde vou-

lait voir cette femme que l'on n'appelait plus que la
Nonne Sous-lieutenant qui était le héros de tant de
combats brillants. L'archevêque lui fait l'accueil le
plus distingué, la présente au vice-roi, et, hommage
de haute valeur, en signe de son estime, il lui laisse
le choix du couvent dans lequel elle va entrer. Elle
passe donc quinze jours dans chacun des couvents
de la ville, et, à la fin, se décide pour celui de la
Sainte-Trinité, où elle séjourne pendant deux ans
et demi.

Etait-ce enfin la paix pour notre vaillante basquaise ? Elle s'accoutumait au repos du cloître après
tant d'années de rudes labeurs, mais la destinée qui
s'acharnait contre elle fit qu'un jour les bonnes sœurs
apprirent que leur compagne n'avait jamais prononcé ses vœux. En somme, elle n'était qu'une religieuse de contrebande, comme elle avait été soldat
de contrebande, et cela n'allait pas mieux pour le
couvent que pour le régiment. il lui fallut quitter
l'ombre du cloître dont les portes s'ouvrirent pour
son expulsion. En fut-elle désespérée ? Il n'y paraît
pas par la suite de notre récit, car, se retrouvant
libre et dans le monde, son naturel redevient bouil-
lant et audacieux comme avant son stage dans la
vie religieuse. Elle s'embarque pour l'Espagne ; son
humeur querelleuse lui suscite mille difficultés. On
la débarque comme un passager trop encombrant,
elle se rembarque. La quatrième fois, elle achève la
traversée au milieu des gens de guerre : la passion
du jeu se réveille chez elle plus forte que jamais ;
elle joue et elle se bat. Enfin, au milieu de toutes ces

péripéties, son voyage s'achève, et aussitôt qu'elle touche la terre d'Espagne, elle revêt son uniforme et prend le nom d'Antonio de Erauso. bien déterminée à faire valoir ses droits au grade de capitaine. Un peu plus tard, c'est à Rome que nous le revoyons ; elle tire l'épée à tout propos ; elle est présentée au Pape, qui l'accueille avec indulgence et trouve pour excuser ses incartades et sa tenue masculine, une théorie d'une bonne grâce charmante : « C'est une erreur de la nature, déclare le Saint-Père : l'âme d'un homme a été logée dans le corps d'une femme, A cette âme, Dieu ne demandera que selon ce qui lui a été donné ». On savait qu'elle était restée sage et qu'à la guerre elle s'était toujours trouvée aux premières rencontres et n'avait jamais manqué d'attaquer l'ennemi avec la plus grande intrépidité. Les blessures dont son corps était couvert justifiaient pleinement les rapports élogieux de ses chefs. C'est ce qu'elle raconte à S. S. Urbain VIII en lui baisant les pieds. Le Pape parut fort étonné d'entendre de si merveilleuses aventures : « Il m'accorda avec bonté », ajoute la Monja Alferez, « la permission de porter des habits d'homme, me recommandant de persévérer dans la chasteté et de m'abstenir d'offenser le prochain si je ne voulais pas encourir la vengeance de Dieu au sujet de son commandement : « *Ne occides* », et je m'en allai ». C'était en 1626, le Sénat de Rome l'inscrivit comme citoyen Romain. Toutes les maisons s'ouvrirent devant-elle ; les cardinaux lui firent beaucoup d'accueil et de caresses : l'un d'eux, le cardinal Magelon, lui dit qu'elle n'avait qu'un défaut, celui d'être Espagnole. A quoi Catalina répondit : « Il me semble, Seigneur, sauf le respect que je dois à votre Seigneurie illustrissime, qu'il n'y a en moi que cela de bon ».

Ici s'arrête le récit de l'Alferez ; ce que l'on sait d'elle de plus est raconté par un pèlerin. Pedro del Valle, qui avait entendu parler de Catalina en Amérique et l'avait vue à Rome. « Elle est, écrit le pèlerin, d'assez haute stature, la taille épaisse. De visage, elle n'est pas désagréable, sans être belle non plus. Ses cheveux sont noirs, coupés à la manière des hommes et rabattus sur le front ; elle porte l'épée avec aisance, tient la tête un peu basse, affaissée, en brave soldat fatigué, plutôt qu'en courtisan. A la main, on voit qu'elle est une femme, car elle l'a potelée et charnue, bien que forte et robuste ».

En Espagne, elle eut moins de vogue qu'en Italie. Dans son pays natal, elle redevenait une religieuse défroquée, habillée en soldat et déjà vieillie. Elle préféra retourner en Amérique, la terre de ses hauts faits et de sa grande renommée.

En 1650, elle sollicita du roi la permission de s'embarquer avec deux domestiques. Il est probable, en effet, qu'elle prit la mer sous le commandement du général Echagaretta. On ne retrouve sa trace que quinze ans plus tard, pendant un séjour qu'elle fit dans un vieux couvent de capucins, à la Vera-Cruz. A Mexico, on signala sa présence. On la tenait pour une personne de grand cœur ; son équipage n'était pas de médiocre importance ; elle avait alors 50 ans, un corps robuste et point maigre. A partir de cette

dernière mention de son existence, la Monja Alferez
disparut complètement, et malgré les recherches de
Ferrer pour arriver à l'éclaircissement complet de sa
curieuse biographie, on n'arrive à aucune certitude
sur les dernières années de sa vie.

Don Juan Perez de Montalvan en a fait le héros
d'une pièce de théâtre, mais nous ne voulons pas
empiéter sur le domaine de l'imagination. Bornons-
nous aux informations que nous avons trouvées
chez son historien dévoué et croyons ce que cet
homme de bonne foi nous atteste être la vérité.

Ne demandons pas à Catalina de Erauso plus et
autre chose que ce qu'elle peut honnêtement nous
donner. Elle a supporté des fatigues ; elle a rudement traité son corps. Beaucoup d'hommes eussent
succombé à l'excès de ses marches, de ses veilles, de
ses privations. Femme, elle a fourni la carrière d'un
homme et d'un homme énergique, fort et vaillant.
N'est-ce pas plus qu'il ne faut pour qu'elle justifie
pleinement son nom de brave basquaise ? Hescual
dun Emazteki Azcarra.

A d'autres, nous irons demander d'autres leçons.
Il suffit à notre Alferez de nous rappeler par sa vie
quelques points élémentaires du catéchisme humain.
Une âme énergique n'est bien servie que par un
corps robuste ; une volonté forte doit trouver pour
la seconder une santé vigoureuse. Il n'est pas bon
que la lame use le fourreau, nous voulons que l'un
et l'autre, devant servir ensemble, soient bien appa-
reillés. C'est vers l'équilibre qu'il nous faut tendre,
sinon pour la génération féminine qui vieillit à cette

heure tardive, du moins pour nos jeunes filles et
pour les plus petites dont la tâche s'annonce difficile
et laborieuse dans la mêlée du siècle. Il leur faudra,
à l'heure marquée par leur destinée, se mettre en
route ; qu'elles aient donc les vivres pour le chemin
effrayant ; préparons-les pour elles !

IV

LA BASQUAISE ET SES DIVERTISSEMENTS

JEU DE PAUME — CHARIVARI — MASCARADES
PASTORALES — IMPROVISATIONS

Inutile de présenter à notre Basquaise, au bout
d'une pique comme aux suffragettes de Londres, un
mannequin figurant un enfant au maillot. Elle n'a
nul besoin qu'on lui rappelle les soins qu'elle doit à
sa jeune famille et tout absorbée par ses devoirs de
maîtresse de maison, de mère et de travailleuse, sa
vie est austère. Lorsqu'elle est mariée, elle n'a guère le
temps de prendre part aux divertissements dont sont
de passionnés amateurs, son mari. ses fils, ses frères.
Elle est à l'œuvre sans relâche. Le Basque est, au
contraire, autant qu'il le peut, un adepte de chô-
mage et des distractions : tout lui est une occasion
de battre les grandes routes : le Makhila attaché au
poignet par une lanière de cuir et la veste négligemment jetée sur l'épaule, il part pour le marché et ne
manque pas une foire : le prétexte, c'est le bétail à
vendre ou à acheter ; en réalité, c'est le goût des
clubs populaires sur la place des villages qui l'en-
traîne hors de chez lui. Le jour du marché, après
l'échange des nouvelles du jour et la station au
grand air, vient la séance de l'auberge où l'on s'attarde jusqu'à la dernière heure. Il y a quarante ans,
c'était par troupes que les hommes d'un même vil-

7

lage s'acheminaient vers les marchés de Saint-Jean-.
Pied-de-Port, de Hasparren, de Saint-Palais ou de
Mauléon. Ceux qui habitaient la montagne, descen-
daient à cheval ou à dos de mulet ; ils se réunissaient
aux hommes d'en bas, puis tous ensemble suivaient
la route d'un pas rapide : ils s'arrêtaient de temps à
autre pour pousser de formidables irrintcinas que
les échos répétaient ia = ia — ô — ô — ô, l'irrintcina sauvage que Chaho se plaît à supposer avoir été
une évocation d'un nom antique de la divinité ; ils
scandaient leur marche de chansons vieilles comme
les rochers. Actuellement l'irrintcina est démodé ;
les chansons nationales sont remplacées par la Fille
de Mme Angot, par de vagues marseillaises. La forte
marche, intrépide, courageuse est délaissée. on s'en-
tasse dans de vieilles diligences, sur des carrioles
qui, cahotantes et branlantes, emmènent les voyageurs aux hasards des chutes ; de véritables grappes
humaines se suspendent n'importe comment à toutes
les aspérités du véhicule.

Le Basque, qui pendant de longues années a vécu
de contrebande, est joueur ; la Basquaise est joueuse,
mais avec plus de modération et d'ailleurs, elle ne
se livre à sa passion que le dimanche.

Mais le dimanche, on voit les femmes assises sur
le pas de leur porte, à deux, à quatre partenaires,
une planche sur leurs genoux qui figure une table ;
elles se servent de jeux de cartes espagnoles et jouent
au Mus (1) et aux « Flores ». Les cartes espagnoles

____

(1) Mus se prononce Mouss.

portent des images de soleil, de bâtons, de roses,
d'épées aux couleurs éclatantes, rouges et bleues,
jaunes et or. Le jeu de Mus est agrémenté de petits
coups de pieds dissimulés, de grimaces par lesquels
on avertit le partenaire du jeu que l'on tient. Il y a un
clignement d'œil, on tire la langue, le nez se fronce.
Cela veut dire, j'ai telle ou telle carte : pariez dessus.
La mise n'est que de quelques sous. On marque avec
des jetons. Les femmes jouent aussi aux quilles, aux
boules ; elles savent saisir la boule à bras tendus et
la jettent avec la vigueur qu'y mettrait un homme.
Ce sont des boules lourdes, énormes, dangereuses
pour qui les recevrait dans les jambes. Les passants
s'arrêtent, regardent la partie et jugent les coups.
La danse est réservée aux hommes ; les femmes ne
prennent part, à l'occasion des noces, qu'à la danse
que l'on appelle Dansa Corda, c'est-à-dire la farandole ou passe-rue. Les jours de fête locale, un bal
s'organise sur la place de la mairie : mais autrefois
aucune fille de bonne maison ne se serait aventurée
à prendre part à la danse : c'eut été un péché grave
que le prêtre n'absolvait qu'au prix de grandes péni-
tences. Aujourd'hui les jeunes filles s'affranchis-
sent de l'autorité du Recteur et tout au moins une
fois dans l'année, à la fête locale, elles viennent
danser.

Les charivaris sont un des plaisirs favoris des
Basques ; ces représentations portent le cachet d'un
amusement national, elles sont issues du peuple. On
sent qu'elles sont une création spontanée et origi-
nale ; malheureusement il faut leur reprocher le défaut

d'être grossières et souvent indécentes et grivoises.
Les femmes, les jeunes filles, les enfants y prennent
part, en spectateurs, mais n'y jouent pas de rôle : les
jeunes gens, seuls, y participent comme acteurs. La
chronique locale a fourni le thème du charivari ;
c'est une satire des mœurs de village, la mise en
scène d'une aventure grotesque ou scandaleuse dont
tout le monde a parlé. Alors un jour les jeunes gens
se sont concertés et décident de mettre sur la scène
l'histoire qui les passionne au dernier degré.

La mascarade diffère du charivari. La mascarade
est une promenade de jeunes gens masqués et cos-
tumés sur les routes et à travers les rues. Aucune
jeune fille n'y prend part. C'est un genre de divertissement grossier et sans esprit, dont les plaisanteries sont d'un goût déplorable et tellement scanda-
leuses que la maréchaussée est obligée parfois de
venir mettre la paix !

Pendant un temps fleurissait dans le pays un
théâtre populaire. Son répertoire ne se composait pas
de « Mystères » comme cela avait lieu au Moyen Age,
dans beaucoup de pays d'Europe, et ne se jouait
pas dans les Églises. Ces représentations populaires
s'appellent des pastorales, la place du jeu de Paume
ou la principale place du village sert de théâtre. Des
jeunes filles ont joué des Pastorales : le fait est hors
de doute ; il est probable que les femmes mariées ne
jouaient pas.

M⁽ᵐᵉ⁾ Carricaburu d'Arthez dont la vie s'est écoulée
dans son château de Chéraute, aux environs de
Mauléon, a bien voulu rappeler ses souvenirs et

répondre à la question que pose M. Hérelle (1).

« Joue-t-on encore, en pays basque, des pastorales où tous les rôles sont tenus par des filles ? Et alors comment se travestissent celles qui ont des rôles d'homme ?

« Dans ma jeunesse, nous écrit Mme Carricaburu d'Arthez, il y a bien longtemps, j'avais vu jouer par des jeunes filles, Ste-Geneviève de Brabant à Mauléon. Les actrices marchaient sur le théâtre pendant toute la représentation qui dura six heures. Elles parlaient quand elles se dirigeaient vers le public ; quand elles lui tournaient le dos, elles écoutaient le souffleur pour répéter leur rôle en revenant vers le public.

Geneviève de Brabant, l'héroïne, était une jeune fille qui marchait, les yeux baissés donnant la main à un petit enfant et suivi par un bel agneau enrubané ; l'agneau remplaçait la biche que l'on ne pouvait se procurer dans le pays. Le traître « Golo, infamia » était représenté par une forte fille, au teint rouge, décemment habillée en homme. La malheureuse criait tellement qu'à la fin de la journée, son visage était devenu complètement noir.

Un rôle intéressant est celui de l'ange. Il n'y a pas de pastorale sans apparition de l'ange. On choisit le plus joli enfant possible avec une voix claire et douce ; on l'habille en blanc ; on lui met de beaux gants blancs. On l'exerce à réciter son rôle avec tendresse et à genoux. Au moment où l'ange dé-

---

(1) *Les Pastorales Basques*, Bayonne 1903, p. 83.

clame, les vieilles femmes parmi les spectateurs, se
mettent à pleurer.

Un rôle plutôt amusant est celui de Satan. Satan
doit être particulièrement leste et danser comme un
vrai basque. Dans la pastorale que j'ai vue jouer,
ce rôle était tenu par une délicieuse petite brune qui
dansait à ravir. Elle semblait ne pas toucher terre.
Si elle se tira merveilleusement de la danse, il n'en
fut pas de même quand il lui fallut faire, selon l'usage,
le tour de la ville à cheval avant la représentation.
Elle avait peur, car jamais, auparavant, elle n'était
montée à cheval. Afin de la mieux installer sur sa
monture, on avait choisi une jument poulinière et
au premier moment tout semblait marcher à souhait.
Mais la brave bête, effrayée par les coups de fusils
qu'on tirait en signe de réjouissance, quitta sa
paisible allure et prit le galop pour rejoindre son
poulain. Le pauvre petit diable passa un mauvais
quart d'heure ; fort heureusement, un jeune cousin
se dévoua : il s'élança à la poursuite de Satan et de
sa monture, les ramena dans le cortège et ne les
quitta qu'au pied du théâtre.

Le théâtre s'élevait en plein air : sur la scène, il
y eut force combats. Les ennemis se placent sur
deux rangs, en face les uns des autres et ils se bat-
tent avec le makhila, en mesure, en musique. Quand
un des combattants tombe, ou plus exactement au
moment où il va tomber, deux jeunes personnes
s'élancent sur le théâtre et y étendent un drap blanc
afin que l'acteur n'abime pas ses beaux habits.

Les pièces sont morales, à part les plaisanteries

de Satan qui ne sont pas toujours de bonne compagnie.

M. Hérelle demande pourquoi, dans les pastorales, le bleu est la couleur des bons et le rouge celle des méchants. Sans doute parce que, répond Mme Carricaburu d'Arthez, le bleu est la couleur de la Sainte Vierge, idéal de pureté et de vertu : le rouge est la couleur du diable parce que le feu qui le brûle éternellement est rouge.

Les jeunes filles qui jouent les rôles d'hommes, sont vêtues d'un pantalon long, généralement blanc et d'une tunique semblable à celles que portent certains de nos militaires, mais plus large et fixée à la taille par une ceinture.

Les païens ont de beaux turbans : ce sont toujours les Turcs, les adorateurs des idoles et de Mahomet.

Un basque à qui l'on parlait des Pastorales, répondait à la personne qui l'interrogeait : « J'aime beaucoup les pastorales ; les filles s'y forment à beaucoup de gentillesses et puis... cela fait repasser sa géographie ! »

D'après un propriétaire d'Itsasou qui connaît à fond les usages et les mœurs du pays. M. Pierre Apestegny, quelquefois dans les pastorales, les hommes seuls jouent et dansent, d'autre fois les jeunes filles ; il arrive très rarement que les hommes et les femmes sont acteurs ensemble.

M. Apesteguy, consultant ses souvenirs, se rappelle qu'il y a environ 45 ans, on joua sur la place d'Uhart Cize près de Saint-Jean-Pied-de-Port, Geneviève de Brabant : il y avait ensemble des hommes et des femmes. La femme qui avait joué le rôle de Geneviève est encore en vie, c'est Mme Arnauld Landabure, de Saint-Jean-Pied-de Port.

En 1875, encore à Uhart Cize, on a joué Sainte Hélène, mais là tous les acteurs étaient des jeunes filles : elles seules jouaient et dansaient.

En 1887, on a joué une pastorale sur la même place de Uhart Cize où aucune femme n'a paru. Tous les rôles étaient tenus par des hommes.

Les préparatifs d'une pastorale sont un motif de grande excitation : les jeunes gens se rendent dans les maisons principales du village, chez le Maire, chez le châtelain, chez le percepteur pour emprunter des jupes, des mantelets, des chapeaux. Au temps de la crinoline, celle-ci devenait un des plus beaux ornements du costume. Jeunes filles et femmes prêtent leurs bijoux et en empruntent où elles peuvent : on recherche les chapeaux haut de forme, les redingotes, les bottes et sous cette défroque disparate, les acteurs figurent sur la scène. Les principaux seigneurs portent des couronnes de papier doré, la fameuse idole en carton, à la face terrifiante, n'est pas oubliée, c'est un superbe Mahomet barbouillé de rouge : l'esprit du mal.

Les sujets des pastorales sont parfois empruntés à la Bible, comme Abraham David, Saint Étienne, Judith et Holopherne, parfois à l'histoire, comme Charlemagne, Alexandre, Clovis, d'autre fois à la légende, comme Sainte Geneviève, Saint Blaise; les sujets n'ont donc rien de spécial au pays basque ; c'est une preuve que ce divertissement est une importation dans le pays, d'un genre qui lui est étranger. Les gens, hommes et femmes en sont devenus fanatiques. Voici l'argument de la pastorale intitulée Marie de Navarre. Marie de Navarre est faite prisonnière par les Maures; elle refuse d'adorer Mahomet; on va la tuer, mais au moment où elle allait payer de sa vie sa fidélité à sa foi, l'armée des catholiques est victorieuse et vient la délivrer; c'est très certainement une tradition transmise depuis les luttes de la population chrétienne contre les Maures envahisseurs. La tradition peut être importée d'Espagne comme du Béarn et de la Gascogne, puisque la lutte a été ardente en France comme en Espagne : l'existence indiscutable du théâtre populaire dans ces divers pays, ne permet pas d'orienter au delà de ces régions les recherches.

Les pastorales mettent souvent en scène une héroïne et ont un thème féminin telles les pastorales intitulées Geneviève de Brabant, Sainte Élisabeth, reine de Portugal, la princesse de Cachemire et la princesse de Gamathie, Sainte Hélène de Constantinople. Cette dernière pastorale a été représentée, d'après M. Herelle, par les demoiselles de Viodos, le 22 août 1870. Les filles de la commune d'Aroue auraient joué en 1835, la pastorale intitulée Sainte Engrace.

Relativement au rôle des femmes dans les pastorales, nous devons citer la lettre de M. Duvoisin, capitaine des douanes, lettre qu'a publiée M. Francisque Michel dans « Le pays basque » M. Duvoisin rappelle qu'une femme de Sare joua dans sa jeunesse le rôle de Geneviève avec un tel feu, que sa renommée et les applaudissements de la foule ébranlèrent sa raison. « Je l'ai connue, écrit M. Duvoisin, grande, maigre et noire. Elle avait les yeux vifs et d'une sévérité extraordinaire, quand elle ne murmurait pas ses chants devant les rochers autour desquels elle faisait paître quelques misérables brebis. Elle portait sa quenouille au côté. J'ai vu cette femme ridée, un genou sur un escabeau, la figure à moitié tournée vers le public devant lequel elle se supposait, les yeux fixés au mur où une image du Juif errant remplaçait le crucifix de l'Oratoire. Sa poitrine se gonflait comme aux beaux jours de sa jeunesse et jamais je n'oublierai cette scène. Son rôle était inspiré par des réminiscences des livres de piété traduits en basque tels que « les exercices spirituels d'Ignace de Loyola, l'imitation de Jésus-Christ, l'imitation de la Vierge ». Elle disait : « Je répands des torrents de larmes désirant vous voir, Je vous conjure, venez à mon aide. Je sais qu'il n'y a pas sans vous, parmi les grands de la terre qui êtes le plus grand, de bonheur sur la terre. »

Dans la pastorale, le chœur des anges vient consoler Geneviève : « Consolez-vous, pauvre chère sœur ; pour vous chercher, nous arrivons, nous vous porterons avec nous aux cieux quand nous descendrons. Alors sera grande la gloire du Ciel, semblable à la brillante étoile ».

Ces représentations causent d'assez sérieuses dépenses : elles demandent un grand effort, beaucoup de temps, beaucoup de loisir. Rien de surprenant qu'elles se fassent de plus en plus rares. On se contente aujourd'hui des charivaris et des mascarades dont les préparatifs sont plus faciles et peu coûteux.

La pastorale intitulée Sainte-Hilda est une des pastorales le plus intéressante et le plus populaire du pays. Elle vient d'être étudiée d'une façon aussi approfondie que savante, par M. Albert Léon, de Bordeaux, agrégé de philosophie, qui l'a choisie comme sujet de sa thèse de doctorat ès-lettres. M. Albert Léon a été reçu docteur en Sorbonne, le 13 mars 1909, avec un grand succès. Parmi ses examinateurs était M. Julien Vinson.

Le jeu national des Basques, le jeu de paume qui fut la gloire du pays basque, devient comme la pastorale de plus en plus rare : il ne se forme que très peu de nouveaux joueurs. Le moment approche, si l'on ne réagit pas, où l'on devra venir à Paris, au fronton de Neuilly, pour assister à une partie de longue, de plaid ou de rebot.

Les femmes viennent assister aux parties de pelotes les jours de fête locale : elles ne jouent plus elles-mêmes. Nous avons cependant entendu parler d'une jeune fille dont la famille est dans l'aisance, qui s'adonne avec succès au jeu de paume et qui se préparerait, dit-on, à jouer en public.

DEUXIÈME PARTIE

———

L'ENFANT DANS LE PAYS BASQUE

L'ENFANT DANS LE PAYS BASQUE

Revenons à notre basquaise. Paysanne ou ouvrière, elle travaille pendant sa grossesse jusqu'à la dernière minute ; elle ne se plaint pas, elle sait qu'il le faut. Au moment où son terme arrive, elle revient du champ en toute hâte, quelquefois la pioche à la main, ou elle rentre à la maison sa cruche d'eau sur la tête. Lorsqu'elle est pauvre, c'est souvent dans la cuisine qu'elle met au monde son enfant ; les personnes de la maison l'entourent ; on s'empresse auprès d'elle, on l'encourage, on lui prodigue des soins, on l'abreuve de vin chaud et de cordiaux. Ces soins ne sont pas des plus intelligents ; il arrive que par un zèle excessif, on amène la souffrante à l'état d'ébriété pour le dernier moment de la délivrance.

Aux yeux de la plupart de nos lectrices, il semblera sans doute qu'une cuisine ne soit pas un lieu d'élection pour la naissance d'un enfant. Cependant, il y a des circonstances dans lesquelles il s'est rencontré pire qu'une cuisine. L'enfant divin, Lui, à son arrivée ici-bas, s'est trouvé dans un endroit encore moins discret et moins clos. La pauvreté des braves gens de la campagne porte avec soi et en soi de semblables misères. Ce sont les gênes qu'elle impose à ceux dont le logis est étroit et dont le mobilier est réduit au strict nécessaire. Demandons si elle n'apporte pas en même temps, cette pauvreté que Dieu envoie selon son bon plaisir et que le Seigneur a choisie pour y vivre, certaines compensations qui rachètent les privations et renferment des leçons pour les fortunés de ce monde? Oui, certainement. Lorsque l'honnêteté préside aux rapports des gens entre eux, ce qui est de règle dans les anciennes bonnes maisons de cultivateurs où les mœurs sont pures, l'intimité forcée des membres d'une famille, parents et enfants, maîtres et serviteurs, resserre les liens de la solidarité. Dans les logements réduits, on apprend à se mieux aider mutuellement, à se prêter secours, à se sacrifier les uns aux autres, aises, habitudes, égoïsme. L'égoïste est obligé de se dominer; son égoïsme revêt sa laide apparence que ni l'or ni la soie, ni les grands airs et les belles paroles ne viennent dissimuler. Et puis, la souffrance que l'on voit, que l'on sent, que l'on touche, exerce la pitié et l'enseigne. C'est une éducation de charité que les cœurs reçoivent.

La pitié a besoin de se développer par l'exercice comme toutes les vertus et les bons penchants humains. Par pratique, non par théorie, s'inculquent dans les âmes des hommes l'abnégation, la compassion vraiment agissantes dont l'affinement, chez ceux qui ont souffert et vu souffrir, nous fait nous écrier : « Heureux les pauvres ! » Qui n'a été frappé de ce fait, qu'il y a plus de vraie et spontanée sensibilité chez la femme du peuple que chez la femme des classes aisées : plus de sympathie pour des douleurs qu'elle a appris à connaître par expérience ?

Dès que l'enfant est né, la jeune mère est portée dans sa chambre. On la couche, et la pauvrette va enfin pouvoir se reposer. Mais, en dépit du grand besoin qu'elle aurait d'un long repos, de combien peu de jours sera la douceur qu'elle s'accorde de rester dans son lit. Vite, trop vite après sa délivrance, la voici déjà debout, elle lave elle-même son linge, elle a fait son ménage, nourri sa volaille, pris soin de ses enfants ; elle n'a pas de servante, ni d'argent pour se payer une aide. Cependant, comme la femme riche, elle subit la montée du lait et les fatigues de la nourriture. Qu'elle est courageuse et digne d'admiration !

Et l'enfant, à l'instant de la naissance, qu'est-il devenu ? Des matrones se sont empressées de l'emporter dans leurs bras. Elles le frottent et le lavent ; elles lui pétrissent la tête dans leurs mains pour l'arrondir et le frottent encore, quelquefois avec un morceau de lard. Fenêtres et portes sont ouvertes, la nuit est froide, il n'y a que quelques tisons dans le foyer. Mais qu'importe ? le petit Basque est robuste, il résiste à ces bons soins. Le père le tient dans ses grosses mains et s'émerveille d'un rejeton si frêle ; les personnes du logis lui font fête et l'examinent. On lui découvre mille beautés et mille charmes. Cela prend du temps ; il n'a pas chaud pour l'emmailloter et c'est une chance si, vu l'heure, on ne l'emporte pas à l'église pour le baptiser. Cette coutume d'emporter l'enfant immédiatement à l'église a coûté la vie à plus d'un baby basque. Les langes sont en molleton rouge : les deux petits bras y sont étroitement emprisonnés, ainsi que les jambes ; puis le minuscule paquetage humain est fortement serré par des lisières de drap et prend l'apparence d'un pain de sucre dont seule vient émerger la tête que l'on coiffe d'un bonnet de laine brune. Alors, aussi fières que contentes, les matrones jugent que la toilette du nouveau-né est parfaite.

Une corbeille en osier placée auprès du lit de la mère reçoit son petit hôte. On ferme hermétiquement les volets de la chambre, afin que l'obscurité soit aussi complète que possible. L'enfant demeure pendant les trois premiers mois dans les ténèbres, parce qu'il faut qu'il dorme, pour laisser sa mère plus tranquille. On pense que si l'enfant voyait la lumière, il la trouverait si belle qu'il ne dormirait plus afin d'en pouvoir jouir !

Dors donc, petit Basque, dors à poings fermés ; trois fois par jour, ta mère reviendra des champs pour l'allaiter. Ne crains pas qu'elle t'oublie, la brave femme ! Elle trouve pour toi les mots les plus doux de sa langue. Tu es son « gaichoua », son pauvret bien aimé, son « bihotcha », son petit cœur, son « maitia », son adoré, son charmant. Le soir, elle te berce avec les beaux chants graves d'autrefois :

L'oiselet dans sa cage
Chante tristement,
Bien qu'il ait là
De quoi manger, de quoi boire.
Il désire être dehors,
Parce que, parce que
La liberté est si belle.

Oiseau qui est dehors,
Regarde la cage.
Si cela t'es possible,
Garde-toi de t'en approcher
Parce que, parce que
La liberté est si belle.

(*L'Oiseau en cage*, ancien chant souletin).

Bientôt les premiers balbutiements viendront éclore sur tes lèvres. A la joie de tes parents, ils t'entendront distinctement appeler : *Aïta*, *Aïta* père, père, *Ama*, *Ama* mère, mère. Ainsi à ton tour, avec les milliers et les myriades de petits qui ont vécu ici-bas, tu apportes la preuve de l'antiquité du langage de ta race, puisqu'à peine as-tu agité ta langue et gonflé tes joues, que spontanément, chose merveilleuse, tu as prononcé ces deux mots si beaux : Aïta, Ama, que l'Eternel Dieu Lui-même, personne ne l'ignore, a enseigné dans le paradis terrestre à Adam et à Eve qui, l'un et l'autre, ont parlé basque auprès de l'arbre de la Tentation.

Il était d'usage autrefois que la femme ne sortît

pas de sa demeure avant de s'être rendue à l'église pour les relevailles. Une excellente créature craignait fort le qu'en dira-t-on et la critique de ses voisines : elle n'était pas descendue encore au village depuis ses couches. Or, un matin, elle se trouvait en grand besoin de quelques légumes de son jardin et n'avait personne sous la main qui pût lui rendre service. Elle considérait ses choux du pas de sa porte et son embarras était grand lorsqu'il lui vint à l'esprit une idée ingénieuse. Malgré qu'il lui fût pénible d'user de subterfuge, elle monte dans son grenier et par une lucarne, elle détache une tuile de son auvent, s'en coiffe comme d'une mante, puis, satisfaite, la tête couverte de sa tuile, elle se dit à elle-même : « Je peux en tout repos de conscience aller choisir mon chou et le couper moi-même, on ne pourra pas dire que j'ai quitté mon toit avant d'avoir rempli mes devoirs religieux ! »

Nous comparions, dans les pages qui précèdent, le sort de l'habitante des libres vallées pyrénéennes à celui des ouvrières de nos villes : la comparaison était tout à l'avantage de la femme de la campagne. Lorsque c'est de l'enfant qu'il s'agit, les bienfaits de la vie des champs apparaissent encore plus évidents. Les grandes agglomérations urbaines, les centres ouvriers sont devenus les enfers de l'enfance : corruption et criminalité enfantiles ; martyres d'enfants, abandons, exploitation, rachitisme, tuberculose, alcoolisme, hôpitaux et prisons forment autour de l'enfant, dans les cités populeuses, un sinistre cortège.

Rien de ces fléaux à la campagne, à moins que l'usage de l'alcool, en y pénétrant, n'ait préparé la voie aux crimes contre l'enfance. Chez les cultivateurs, on aime l'enfant : les petits sont heureux ; c'est là qu'il faut les faire émigrer et les installer. C'était la pensée dont s'inspirait Mme de Barrau en 1887, lorsqu'elle fondait le Sauvetage de l'Enfance. Elle cherchait à placer à la campagne les enfants qu'elle recueillait. Son projet était de choisir dans ce but les villages où la simplicité des mœurs offre les garanties d'une éducation saine et morale.

Le frêle organisme de l'enfant, comme celui de la plante, puise sa vigueur dans l'air et dans la lumière ; pour son développement normal comme pour celui du jeune animal, il faut l'espace et la liberté. Et le corps n'est pas, dans l'ensemble de l'être humain, ce qui bénéficie le plus d'un contact immédiat avec la nature ; les âmes qui croissent y puisent également la matière première de la vie. A ces esprits qui se forment, la campagne donne ce que la ville refuse : des images saines pour peupler l'imagination naissante ; des choses vraies et fortes pour façonner l'intelligence à ses débuts.

La curiosité de rechercher, à propos de l'enfant basque, jusqu'aux moindres vestiges d'une civilisation antique qui agonise, n'est pas l'unique motif qui nous encourage à continuer notre étude. Nous savons que parmi nos lecteurs, on compte de vrais apôtres des champs ; nous voudrions apporter à ces amis, selon notre pouvoir, quelques arguments agrestes et de franc parfum. Nous serions enchanté de fortifier leur apostolat dont sont nées, à Paris et en province, des œuvres bienfaisantes que nous appelons : le Nid, la Brise-de-Mer, les Colonies de vacances, l'Œuvre des trois semaines, œuvres qui ne sont ni assez connues, ni assez populaires et qu'il faudrait étendre et généraliser d'autant qu'elles viennent répondre à une des préoccupations à l'ordre du jour, préoccupation de décentraliser, qui n'est pas une des moindres par son importance.

M. Nogaret, le saint pasteur de l'église de Bayonne, avait beaucoup vécu dans le commerce immédiat de la nature ; il l'aimait avec passion ; il se plaisait à rappeler son premier ministère en Béarn, lorsque tout jeune homme, forcé de renoncer à l'étude par le mauvais état de sa vue, il avait, disait-il, fait à pied et à cheval une année de Faculté, et suivi les cours de son École de théologie en évangélisant de ferme en ferme, parmi les paysans. Il avait la vocation d'un véritable apôtre des champs. Dans une de ses lettres, si précieuses à conserver, si belles à relire, en 1888, il écrivait avec la grande simplicité qui était le trait dominant de son caractère : « La bonne Providence de Dieu a, je crois, attaché au séjour de la campagne une bénédiction particulière. La vie des grandes cités n'est pas naturelle ; et il me semble que l'intention de Dieu, en recommandant à l'homme de peupler la terre, était qu'elle fût toute habitée et cultivée, ce qui n'a pas encore eu lieu. L'avenir de l'humanité, même à ce point de vue restreint, serait bien

triste, si nous n'avions pas, par la Parole, l'assurance de temps meilleurs ».

On peut dire que, dans une certaine mesure, le pays
basque réalise le vœu de M. Nogaret. Partout où l'on
peut habiter et cultiver, on habite et on cultive ; les
maisons clairsemées un peu partout dans les vallées,
le long des cours d'eau, sur les pentes des montagnes, sont rares, très espacées les unes des autres ;
on ne voit que de loin en loin de grosses agglomérations ; plusieurs petits quartiers de 15, de 20 feux
au plus, qui sont éloignés les uns des autres de 10
et 12 kilomètres, composent une même commune
dont l'église, l'école et la mairie constituent le
centre ; sur cette étendue relativement considérable, on ne compte que quinze cents à deux mille
habitants. Grâce à ces dispositions particulières du
pays, chaque maison, même la plus pauvre, peut
posséder un jardin, et il n'y a pas de famille si misérable qui n'habite sa maison ou sa chétive masure,
soit comme propriétaire, soit comme locataire. Un
chez-soi pour chacun et chacun maître chez soi, le
chez-soi fût-il dénué au dernier point de tout confort, est un élément de bonheur et de moralité, un
luxe en comparaison de la promiscuité des logements en ville, caravansérails dans lesquels four-
millent les locataires, où les ménages sont impar-
faitement séparés des ménages voisins par la mince
cloison mitoyenne des chambres, où jour et nuit l'on
se coudoie, où l'idéal de l'architecte est devenu la
maison à huit étages.

Éparpiller autour des villes, dans des banlieues aérées, les familles des ouvriers et des employés, à présent que les facilités de la locomotion l'ont rendu possible, est le résultat que doit travailler à atteindre une des branches de l'apostolat des champs ; car il ne suffit pas que les enfants sortent des villes ; les parents ont autant besoin d'air respirable que leurs enfants. L'œuvre des trois semaines, dans sa généreuse charité, emmène quelquefois à la campagne la mère avec les enfants. Quel bonheur pour toute la couvée ! Il paraît que, de tous ces émigrés, la mère est celle qui profite le plus et le plus vite, qui engraisse à vue d'œil, et qui, en même temps qu'elle revient à la santé, se sent renaître au courage de vivre et de travailler.

Pour le premier développement psychique de l'enfant, quelle école primaire prétendrait pouvoir rivaliser avec les leçons du plein air et de la libre campagne ? L'adaptation de l'enfant au monde dans lequel il vit est merveilleuse : au sortir du berceau, le petit paysan damerait le pion au petit bourgeois. A cinq ou six ans, la fillette de la ferme pourrait se placer comme nursery governess chez la petite demoiselle des gens riches ; l'une a déjà appris à vivre, à travailler, à se débrouiller ; l'autre grandit comme une plante de serre chaude, dans une chambre dont volontiers on capitonnerait les murailles pour éviter les moindres heurts.

Pas de capitonage, ni de bourrelets pour notre petit Basque ; on l'a laissé dans l'obscurité pendant les premières semaines, afin d'être sûr de le préserver des mystérieuses malchances ; maintenant qu'il offre de la résistance, qu'il paraît mieux affermi, on le retire de sa cachette, on l'enlève de son maillot. Il est admis dans le cercle de la famille, auprès du feu, dans la cuisine. On y place son berceau ; on ne suspend pas le nourrisson comme une petite momie, par un clou, à la muraille, selon la mode de certains de nos paysans. Quand on estime qu'il est devenu assez fort pour supporter une aussi périlleuse opération, à un an et un jour, on lui coupe les ongles qu'on n'a pas encore osé toucher ; on se garde de lui laver la tête : on est convaincu que la calotte épaisse et malpropre qui recouvre les cheveux est la trace laissée par le baptème, et que l'enlever serait s'exposer au mauvais sort.

Ce n'est pas la seule superstition dont les enfants ont à pâtir. Tombent-ils malades (1), on n'appelle pas le médecin. A quoi bon, puisqu'il y a des gens qui ont des pouvoirs inexpliqués et inexplicables pour guérir tous les maux ? C'est à eux qu'on a recours. Ce sont souvent des rebouteurs ; on vient de loin les consulter. Leurs conseils sont suivis avec une exactitude scrupuleuse. Quelque absurde que soit le remède qu'ils prescrivent, on l'applique. L'enfant a-t-il un mal de gorge, une esquinancie ? On appelle une vieille femme, dont ces sortes de soins sont les fonctions spéciales, quasiment le sacerdoce ; elle apporte une amulette dont elle se sert

---

(1) Nous prions nos lecteurs de se rappeler que nous évoquons les souvenirs vieux d'une trentaine d'années.

pour faire le tour de la tête du petit malade. Elle
fait compter par la mère plusieurs fois neuf grains
de sel, frotte les extrémités des bras, frictionne les
poignets. Heureux l'enfant à qui elle n'introduit pas
dans la gorge un poireau par la racine, au risque
de l'étouffer.

Une autre superstition attribue les indispositions
des enfants à l'imprudence de la mère, qui n'a pas
craint de les exposer aux regards du public en les
menant promener par les rues et sur les routes.
Plus les babies sont frais, roses, souriants, plus le
danger qui les menace est grand. Une mère qui a
vraiment au cœur le souci de ses enfants, s'abstient
de les promener ; elle évite, s'ils sortent avec elle,
de les revêtir de jolis vêtements. Rien n'attire sur
les innocents le mauvais œil, l'Esprit malin, comme
une robe de couleur claire. un bonnet orné de
rubans, un manteau garni de broderies et de dentelles. Pour conjurer le sort, la mère met le pouce
entre les doigts quand elle se trouve, son enfant sur
les bras. dans une compagnie qu'elle ne connaît
pas. De loin en loin, elle renouvelle le signe. Ce
signe, universellement en usage chez tous les peuples superstitieux, s'accompagne chez les Basques
des mots cabalistiques : *Pues eta Makhila*, que l'on
peut traduire par : Décampe, ou gare au bâton.
L'expression est l'équivalent de : *Vade retro, Satanas.*
Pues est un terme qui exprime le dégoût et makhila,
c'est le bâton des Basques.

Voir un chat noir sauter par la fenêtre dans la
chambre et s'enfuir en bondissant est de mauvais

augure, Le chat est un émissaire du sorcier qui jette au passage sur le nourrisson, le mal inexplicable dont il dépérit. Le pays basque croit encore aux sorciers que l'on appelle « Aztiac ». Les Aztiacs se réunissent tout comme au Moyen Age, pour aller au sabbat, « Akhe larria ». Tel individu de tel village est réputé pour être aztiac de grand pouvoir et de grande renommée. C'est un fin matois qui s'entend à exploiter la crédulité et se fait payer de façon à vivre grassement aux dépens de ses dupes.

Pour augmenter son prestige, il s'attache une femme dont le dévouement est à toute épreuve. Un individu vient le consulter pour une maladie des bêtes... ou des gens de la ferme, pour un animal qui s'est égaré, pour un objet auquel on tenait qui est perdu. Avant d'introduire le solliciteur auprès de son maitre, la femme l'interroge, se fait raconter adroitement d'où il vient, à quelle maison il appartient, ce qu'il désire... elle instruit en secret le sorcier des circonstances qu'elle vient d'apprendre. On s'imagine ensuite l'ébahissement du paysan qui s'entend raconter son histoire. Comment mettrait-il en doute que le sorcier ne soit doué de seconde vue ? Notre malin personnage profite du moment psychologique pour rendre son oracle qu'il revêt d'une forme ambiguë à rendre jalouses les anciennes pythonisses de Delphes. « Ne craignez rien, dira-t-il d'un ton sentencieux, les porcs que vous avez perdus se retrouveront. Ils sont dans un endroit où je les vois ; oui, je les vois distinctement. Soyez donc tranquille et allez porter tout de suite cette bonne nouvelle à votre femme ». Ces belles assurances suffisent pour satisfaire le crédule bonhomme, tant est aveugle la sottise humaine.

On accuse les vieilles femmes bossues d'être sorcières. Les yeux bordés de rouge sont un indice auquel personne ne peut se méprendre. On ne soupçonnera jamais une femme jolie et agréable d'avoir des relations avec les puissances des ténèbres ; la spécialité n'est attribuée qu'aux plus laides et aux plus pauvres, que cette réputation vient accabler d'un surcroît de misères. Personne ne veut louer de logement aux femmes suspectes de sorcellerie : on les empêche de dormir, on démolit le mur de leur jardin, on jette des pierres contre leur maison ; il leur faut chercher un autre gite que tous leur refusent.

La femme T... était une de ces vieilles femmes très pauvres et laides dont tout le monde dans le village avait peur. L'épicier B... qui était pourtant un homme instruit, qui savait lire et écrire en français comme en basque, la redoutait à l'extrême ; un jour qu'elle entrait dans l'épicerie, il se sentit pris subitement d'un vertige : « Sers-la vite, crie-t-il à sa fille, et fais-la sortir ». Son malaise passa, mais la peur ne fit que croître. Il ne doutait pas que la femme T... ne fût le diable en personne. Quelque temps après, elle se présenta à la porte de la boutique. A sa vue, l'épicier, bouleversé, s'évanouit tout net. Après cette aventure, comment ne pas croire au mauvais œil ?

Autrefois, on eût bel et bien brûlé pour sorcellerie ces malheureuses femmes comme une certaine Jeanne d'Abbadie, de Ciboure, sorcière avérée, qui fut livrée aux flammes du bûcher, au XVIIe siècle, après la confession qu'elle en fit de s'être souvent transportée à Terre-Neuve. Là, perchée sur le haut du mât du navire (elle n'osait entrer dedans, car il était béni), Jeanne d'Abbadie et ses compagnes, les autres « *sorguinas* » dont était Marie de Larralde, qui fréquentait les sabbats depuis l'âge de douze ans, jetaient des poudres et empoisonnaient tout ce que les pauvres marins avaient mis à sécher au bord de la mer ; elles excitaient des orages et des tempêtes pour perdre les embarcations, puis elles revenaient aussitôt au point de départ. Ces « *sorguinas* » étaient plus de deux mille de toutes les paroisses du Labourt (P. de Lancre, *Inconstance des mauvais anges*, Paris, 1612) qui fréquentaient le sabbat. Des enfants de sept ans, de dix ans, avouaient de même avoir assisté au sabbat quoiqu'ils ne fussent pas sorciers, car on ne commençait à l'être qu'à vingt ans ; mais fils ou filles de sorciers, ou dérobés à leurs parents, ils avaient été initiés à leur insu aux pratiques infernales.

Parmi les usages superstitieux dont les Basques entouraient la naissance de leurs enfants, devons-nous mentionner l'antique et primitive coutume de la *Couvade*, que leur historien, Augustin Chaho, n'hésite pas à leur attribuer ? D'après lui, une légende cantabre en ferait foi. Le barde Lara retrace les origines des Euskariens et chante les

8.

vertus d'Aïtor, père de la race Indo-Atlantide.

« Les enfants de ma race », ainsi s'exprime le barde, « pénétrés de respect pour les vicissitudes qui ont marqué la carrière de leur aïeul, ont conservé des usages commémoratifs que les peuples de race étrangère trouvent singuliers, parce qu'ils n'en connaissent pas l'origine. Ainsi, quand une jeune mère quitte son lit de douleur et d'enfantement, l'époux prend un instant sa place auprès du nouveau-né, comme si l'aspiration d'une haleine virile et du souffle paternel devait communiquer la force à cet être frêle et chétif, doué d'une impressionnabilité magnétique ». (*Hist. des Basques*, par Aug. Chaho. Bayonne, 1847, p. 174). Il est possible que dans les temps anciens, la pratique de la couvade ait existé chez les Basques. Il est difficile de se former sur ce point une opinion. D'après feu M. le révérend Wentworth Webster, dont les études si savantes sur les origines et les mœurs des Basques font autorité, l'argument le plus sérieux en faveur de l'existence de cet usage dans l'antiquité, est dans le mot « *couvade* » même. Il est constaté que le mot s'applique à l'habitude de la couvade chez les Américains au XVIIIe siècle. Ce mot, qui est du patois roman, dans le même sens, doit avoir existé préalablement parmi les peuples pyrénéens, mais cette preuve n'est pas tout à fait concluante par elle-même. Il reste démontré que le fait de la couvade n'existe pas chez les Basques actuels. On a souvent fait demander à des médecins et à des sages-femmes du pays basque, s'ils avaient connu aucune semblable habitude. Personne n'a pu constater un seul cas et les quelques exemples qu'on a pensé pouvoir invoquer, sont ou des récits de seconde main ou des témoignages controuvés (1). Chez les peuples sauvages qui pratiquent la couvade, l'hypothèse la plus raisonnable attribue cette façon d'agir du père comme un témoignage évident qu'il reconnaît être sien l'enfant qui vient de naître et qu'il veut lui constituer une manière d'état-civil.

Dès que notre petit Basque peut s'échapper de son berceau, on le laisse vaguer à quatre pattes comme il lui plaît et où il lui plaît ; il tombe, il se cogne, il roule le long des escaliers, peu importe, tout lui réussit. Le pays basque est le paradis des enfants. Le petit frère ou la petite sœur est chargé de veiller sur lui ; cette façon de bonne suffit pour assurer sa sécurité, et on déplore rarement un accident ; l'instinct préserve les petits. On n'a jamais entendu dire que l'enfant du meunier se fût noyé ; pourtant il court au bord de la rivière, il s'ébat sur la digue, mais il est bien reconnu que l'eau ne veut pas de lui.

Aussitôt que le marmot peut se tenir sur ses bouts de jambes, il s'aventure dehors, passe le seuil de la porte, se glisse sous les pieds du bétail, trotte menu sur la route ou va se rouler dans la prairie. C'est l'être le plus heureux du monde. On est bon pour lui, ses parents l'aiment et lui procurent les choses saines et salubres. Grâce au ciel, le biberon au

(1) Notes manuscrites transmises par MM. Webster et Julien Vinson.

cognac est inconnu et le lait n'est pas stérilisé ! Sa salle de jeu est installée au sein de la plus belle nature, il s'y meut librement, s'y développe à l'aise et s'instruit par la collection de jouets que la bonne Providence met tous les jours à sa disposition. Jouets animés : vaches et moutons de son père, poules et chiens de la ferme, et le meilleur des amis, le paisible, fraternel porc dans l'intimité duquel il passe à l'ombre les meilleures heures de la journée. Dans cette indépendance, il se développe à pas de géant. Il faut qu'il se tire d'affaire, il se sent un être responsable ; à quatre ans, il a déjà pris l'allure déterminée d'un petit homme. Il mène le bétail s'abreuver au ruisseau ; il faut voir de quel cœur il tape sur les vaches récalcitrantes à grands coups d'une gaule énorme dont le poids semblerait devoir l'entraîner ; il est hardi comme un page, il dirige l'attelage dans le sillon, l'aiguillon en main, pendant que son père tient la charrue ou la herse.

Sa résistance aux intempéries des saisons, à la fatigue, est inouïe. C'est un rude petit gaillard, le plus amusant du monde. Nu pieds et tête nue, vêtu de son pantalon et de sa veste de coutil gris, en toute saison, vers huit ans, on l'envoie sur la montagne pour faire paître les chèvres et garder les brebis. La fillette n'est pas plus empruntée que notre brave moutard. Une jolie marmite à la main, on la voit qui s'en va, petits pieds nus sur les cailloux du chemin, puiser de l'eau à la source pour le ménage. Sa mère ne craint pas de l'expédier seule au village pour faire des commissions. D'ailleurs elle fait tous les matins une longue course pour aller à l'école et tous les soirs pour rentrer chez elle (1). C'est elle qui achète le pain, qui porte le lait aux pratiques.

Sur les routes, on voit des bambins qui mènent les ânes chargés de bois : ils s'en vont vendre la provision de fagots. Cette activité forcée, trempe les caractères et déroute la paresse native. Les enfants deviennent actifs et travailleurs, parce que cela est nécessaire, parce qu'il faut qu'ils aident aux travaux de la ferme et du ménage. Rien ne remplacera la réalité des obligations pour inculquer aux enfants l'habitude du travail.

Quel contraste entre cette vigoureuse existence et la façon dont on élève l'enfant des familles aisées ! Autour du petit bourgeois tout est factice : jouets et conditions d'existence. Sait-il si le feu brûle et si la pierre est dure ? On lui a évité les occasions d'expérimenter le danger et la douleur. Il se voit le centre d'un univers qu'on a créé pour lui : il se croit un personnage ; on l'adule, on le cajole ; il a pour obéir à ses caprices, des esclaves qui le servent. Maladroit dès l'enfance, imprévoyant, inexpérimenté, ce sera un égoïste et un obstiné qui pleurera parce que sa mère ne peut lui décrocher la lune. Dans l'âge mûr, que deviendrait-il si ce n'est un vieil enfant ? Quelles vertus trouverait-il en soi-même pour surmonter les épreuves ? On ne l'a pas préparé

---

(1) Des fillettes de 7 ans se rendent tous les jours à l'école quelque temps qu'il fasse, à travers les sentiers de la montagne ; la course est de 6 à 7 kilomètres qu'elles font souvent en courant.

à lutter ni contre lui-même, ni contre les difficultés de sa carrière terrestre. Quant à l'éducation que donne la rue aux enfants pauvres des grandes villes, inutile d'en rien dire, le tableau serait trop tiré au noir ! Oui, l'apostolat des champs très étendu, très généralisé, retremperait la France corps et âme.

Deux proverbes, que cite Oihénart dans son recueil, recommandent aux parents de mettre un peu d'une rudesse toute spartiate dans la façon dont ils élèvent leurs enfants : « Un enfant élevé tendrement vient souvent à périr misérablement. » « Un enfant nourri trop délicatement est fainéant quand il est devenu grand ».

Nous avons demandé à la jeune improvisatrice, Anna Etchegoyen, dont nous faisions la connaissance en 1895, d'improviser pour nous, sur les enfants du pays basque, quelques quatrains dans sa langue. Elle s'est exécutée de la meilleure grâce du monde, et, très aimable, elle nous a adressé une pièce de vers dont voici la traduction. Notre obligeant traducteur s'est appliqué à respecter la simplicité de la forme et la naïveté de la pensée du manuscrit original :

» Le Basque jeune est toujours gai.
Avec un cœur doux, je vais chanter
De ma propre inspiration quelques strophes
Autant que possible pour honorer mon cher pays.

Je voudrais parler à mes jeunes compatriotes
Pour les engager à honorer nos pères et mères,

Ils font leur possible pour nous rendre heureux,
  Le Seigneur Dieu nous voit du haut du ciel,

  Aimons nos pères et mères
Et aidons-les, les pauvres (gaichoua), dans tous leurs
                                        [besoins.
Nous n'aurons pas de regrets de les avoir aidés.
  Le Seigneur Dieu nous payera tous un jour.

Les autorités des villages considèrent avec un grand
                                        [plaisir
Que le pays basque n'a encore rien à craindre ;
  Que la jeunesse veut y rester ferme
  Dans l'intention d'aider ses parents.

Dans ce monde, il n'y a pas de plus grand plaisir
  Qu'une belle santé avec la grâce de Dieu.
Notre dernier moment arrivera sans nous en douter ;
Nous devrons quitter notre cher pays basque à tout
                                        [jamais.

  Un fils de laboureur a une grande allégresse
Lorsqu'il conduit de beaux bestiaux sur la place.
  Son occupation favorite est de les bien traiter,
Car il trouve encore là un motif pour honorer son
                                        [pays basque.

  Ayons un grand amour pour le pays basque,
Pour que les braves gens ne nous oublient pas.
  Pour ma part, je l'honorerai toujours ;
Je ne quitterai pas mon pays tant que je vivrai,

Prenez courage, mes chers jeunes compatriotes,
Sur vous descendront toutes les grâces du Seigneur
[Dieu.
Nous aiderons nos parents de tout notre pouvoir,
Et le pays basque ne nous oubliera pas.

Je termine à présent ma composition de vers,
Parce que j'ai déclaré tout ce que je voulais dire.
J'ai mis peut-être trop de hardiesse ;
J'ai, néanmoins, messieurs et dames, l'espoir de
[votre pardon ».

Comment ne pas remercier Mlle Anna Etchegoyen de la bonne grâce avec laquelle elle a répondu à notre appel et exprimer un regret, c'est que nous soyons indigne de lire son improvisation dans le texte original. Nous y perdons beaucoup. Mais que ne perd-on pas à être ignorant !

Il y a une soixantaine d'années, il n'existait presque aucune école primaire dans les villages basques. De vieilles femmes, qui savaient à peine lire, réunissaient dans une chambre les enfants d'un même quartier pour leur apprendre, moyennant quelques sous, les prières et le catéchisme ; si elles en étaient capables, elles leur enseignaient les lettres de l'alphabet. C'était à ce mince bagage que se réduisaient les connaissances de l'écolier.

S'il existait une école primaire, elle était mixte : filles et garçons s'y rendaient ; l'instituteur faisait asseoir les petites filles à part, sur un banc séparé (1). Des personnes sérieuses nous ont affirmé qu'on n'avait jamais signalé d'inconvénients du mélange des garçons et des filles dans la même classe.

Du reste, les enfants étaient trop nécessaires à la maison pour que leur instruction se poursuivît longtemps : on les retirait de l'école de très bonne heure pour les assujettir aux travaux de la ferme. Dès le début, on mettait une quenouille dans la main de la petite fille ; elle apprenait à filer l'étoupe, c'est-à-dire la partie grossière du lin : elle filait dans les veillées du soir, à la lueur d'une petite chandelle de résine, l'unique lumignon qu'on se permit de brûler ; elle filait lorsqu'elle gardait les vaches et les moutons ; elle filait jusqu'à la vieillesse blanche ; autant dire qu'elle naissait et mourait une quenouille à la main.

Filer n'était pas pénible : le seul inconvénient de la besogne était de nécessiter, pour lier les fils, une constante émission de salive. A la longue, cette salivation abondante fatiguait la poitrine. La lèvre de la fileuse bleuissait, enflait et s'affaissait graduellement vers le menton. Il y avait de vieilles fileuses, à la lèvre pendante, qui devenaient très laides.

(1) Les écoles de hameau sont mixtes : une institutrice que nous avons questionnée nous a dit qu'elle plaçait indistinctement côte à côte les filles et les garçons sur les bancs de la classe, d'après l'âge et le degré d'instruction ; elle n'a vu dans la réunion de ces enfants que des avantages ; les filles sont maternelles pour leurs camarades masculins et les garçons se montrent complaisants pour leurs compagnes. Pendant la récréation, les enfants se séparent ; les garçons ont leurs jeux et les filles préfèrent rester entre elles.

Est-ce la crainte de voir apparaître la figure difforme des fileuses qui épouvantait les petits lorsque la mère, à bout d'arguments, les menaçait, pour faire cesser leurs cris, d'une apparition effrayante : « Mamou, mamou ? ». Le « Mamou » est un être d'une vague existence, dont le rôle est actif dans l'éducation du petit Basque, puisqu'à toute occasion, les parents ont recours à son intervention. L'enfant veut-il saisir un charbon ardent, on lui crie : « Mamou, » Cela suffit pour qu'il retire sa main avec terreur. Ramasse-t-il des pierres ou de la terre pour les mettre dans la bouche, « Mamou » le décide à l'instant à cracher tout ce qu'il allait avaler. Est-il méchant, désobéissant, le « Mamou » va venir.

Quelle est l'origine de cette curieuse évocation ? L'aimable érudit qu'a été le Révérend M. Wentworth Webster pensait que le mot a une histoire. De ses recherches il conclut qu'il y avait autrefois dans les temps préhistoriques, quelque démon ou être surnaturel malfaisant, avec lequel on terrifiait les enfants ; que, dans les temps historiques, ce mot, ce nom a été confondu avec *Maymoun*, soi-disant dieu des Juifs ; avec *Mahom* ou *Mahoum*, idole supposée des Turcs, et, enfin, dans le Nord, avec Marlborough-Malbrouk. Qu'ainsi, à cause de ces confusions, le mot a perdu toute signification propre et n'est à présent, et depuis longtemps, qu'une exclamation sans signification.

Le Révérend Webster a eu l'extrême obligeance, pour appuyer son hypothèse, d'ajouter quelques éclaircissements qu'il m'avait permis de transcrire ici : Maymoun, soi-disant dieu des Juifs, se trouvait dans le serment par lequel on faisait jurer les Juifs au rapport du Fuero général de la Navarre (Pampelune, 1869). Mahon ou Mahoum d'après l'opinion généralement répandue au Moyen Age, au moins parmi le vulgaire, était une des idoles qu'adoraient les Sarrasins (Gaston Pàris. *la Littérature française au Moyen Age*). Dans les pastorales du pays basque, les Satans et les Turcs font obéissance à un mannequin de bois placé au-dessus de leur porte d'entrée. On appelle cette idole Mahomet ou Mahoum. La troisième hypothèse de M. Webster est extrêmement curieuse : il l'a développée tout au long dans ses *Basques Legends*, où le récit qu'il a publié prouve que Malbrouck était un être surnaturel quelconque dont le nom a été confondu après coup avec celui du général anglais. Dans le nord de la France, bien longtemps avant le siècle de Louis XIV et de Malborough, il est arrivé que les nourrices terrifiaient les enfants par « Malborou », analogie frappante avec Mamou de la nourrice basquaise.

Mais reprenons nos quenouilles. L'étoupe que l'on filait dans la ferme servait à tisser l'étoffe dont on confectionnait les culottes et les vestes des petits garçons et les robes des petites filles, on ne portait de la laine qu'aux fêtes carillonnées. Les vêtements d'étoupe n'étaient, comme on l'imagine, ni chauds, ni souples, ni flatteurs : on ne portait ni bas, ni souliers, on était légèrement vêtu, on marchait nu pieds, et on ne s'en portait pas plus mal.

Moyennant 1 fr. 50 par mois, l'instituteur du village donnait des leçons aux enfants des familles aisées : il leur apprenait à lire et à écrire jusqu'à l'âge de 13 ans. A 13 ans, les enfants cessaient toute étude, ils rentraient à la maison et à partir de cet âge, le travail des champs prenait toute leur existence. Jeux et jouets, excepté le jeu de balle, étaient choses à peu près inconnues. Les petites filles basques ne possédaient même pas l'universelle et classique poupée. Mais la balle, dès le berceau, était une compagne inséparable. elle a résisté à toutes les transformations du siècle, à toutes les innovations modernes, et elle est restée la fidèle amie des Basques. Jamais on ne voit un enfant sans qu'il ait dans ses poches ou à la main, la jolie balle recouverte d'une peau bistre, bien ronde et bien dure, qui fait gonfler la main et endolorit le bras après quelques bonnes ripostes de sa part à son joueur. Les moindres recoins de murailles servent pour des parties que l'on reprend à chaque minute. Lorsque de grandes parties de paume ont lieu sur les places du village, aussitôt que les joueurs se reposent, soit qu'il y ait un coup difficile à juger, soit qu'il faille chercher la balle, on voit les enfants qui assistent en spectateurs passionnés à la partie, accourir, se grouper ensemble auprès du mur et organiser une partie dérobée pendant la halte de la grande partie. Rien n'est plus gentil et plus animé que cette troupe si vivante et si gaie des jeunes garçons, tous vigoureux, beaux, alertes et bien découplés, leurs petits bérets coquettement placés sur la tête et la ceinture rouge sur la chemise très blanche.

La pelote ou balle est une personne si vivante, si active, si imprévue dans ses fugues, ses caprices et dans ses retours, que sa compagnie ne laisse ni place, ni goût pour aucun autre jeu. Les personnes âgées se rappellent cependant qu'autrefois les enfants d'un même village se divisaient en deux groupes, d'après les quartiers qu'ils habitaient. Ils s'armaient d'un bâton recourbé vers le bout qu'ils appelaient *Kalika*. Avec ces kalika, ils lançaient des boules de bois à l'instar du jeu de polo. Les deux camps, le samedi soir, passaient par la rue et se provoquaient, se jetaient des défis ; le dimanche après la messe, un des camps prenait place sur une hauteur, l'autre s'installait en bas et une bataille en règle commençait. Les cailloux servaient de projectiles et volaient dans toutes les directions. On y allait de tout son cœur. On recevait de véritables blessures, c'était de bon jeu quand le sang coulait. Lorsqu'un des camps pénétrait dans le retranchement de l'ennemi, il était proclamé victorieux. Ces coutumes batailleuses ne faisaient que se développer avec l'âge. On gardait l'habitude de lancer des défis. C'était entré dans les mœurs nationales à ce point que des luttes à coups de bâton s'engageaient parfois jusqu'à mort d'homme. Le makhila est un bois de néflier armé d'un bout de cuivre que l'on a renforcé à l'aide d'un gros clou d'acier. L'arme est redoutable. Dans les environs de Saint-Palais, à Saint-Jean-Pied-de-Port. dans les villages voisins, les soirs de marché, portes et fenêtres se fermaient, les gens paisibles ne se hasardaient plus dehors et sur les routes comme dans les rues on entendait crier « Aschut », mot de défi et de provocation. Bon gré, mal gré, le passant était obligé de s'arrêter et de se battre s'il voulait repousser l'agresseur et défendre sa vie.

D'autres jeux en usage parmi les jeunes garçons consistaient dans des paris à qui lancerait le plus loin de lourdes pierres et des barres de fer. En Soule, au commencement du siècle, on pratiquait encore les antiques jeux de la hache et du javelot, divertissements des Cantabres au temps d'Annibal. Il s'agissait de planter la hache ou le javelot dans un point donné. Malheur aux partenaires, si le joueur maladroit en blessait ou en tuait quelqu'un. A la fin du XVIIIe siècle on se rappelle dans le village d'Arrast qu'un d'Abbadie, fils de l'abbé laïc du pays, périt tué par la hache de son compagnon de jeu.

Il y a quelque cinquante ans, les enfants peu surveillés, faisaient l'école buissonnière. Au lieu de se rendre en classe, ils préféraient rester avec les vaches et les brebis plutôt que d'apprendre des leçons ; ainsi en même temps que l'humeur batailleuse croissait en eux avec l'âge, le goût des aventures allait de pair. Ils entendaient parler de l'Amérique ; ils avaient vu revenir des émigrants enrichis ; à partir de 15 ou 16 ans ans, l'existence mouvementée des Ranchos de la Plata hantait leur imagination, et ils soupiraient après le moment où ils seraient libres d'émigrer à leur tour et de tenter la fortune dans le Nouveau-Monde.

Le signal du départ, c'était le moment où il leur

Il fallait tirer au sort ; pour éviter la conscription, ils s'échappaient en Espagne : la France leur était dorénavant fermée, ils allaient s'embarquer pour Buenos-Ayres ou Montévidéo, dans un des petits ports espagnols de la côte. Les jeunes gens partis, les jeunes filles ne tardaient pas à aller les rejoindre : les agents des sociétés d'émigration parcouraient le pays, accentuaient le mouvement et opéraient parmi la jeunesse de véritables razzias. De l'autre côté de l'océan, un nouveau pays basque se reformait qui, actuellement, ne compte pas moins de 40.000 colons.

Qu'on nous permette une réflexion. Nous avons acquis de belles possessions sous tous les cieux : le moment serait venu de les peupler de familles françaises afin de centupler par leur travail, les richesses et la puissance de la mère-patrie. On cherche à développer les instincts colonisateurs de nos compatriotes ; à tous les points de vue on a raison. Qu'on regarde le petit peuple basque. Son genre d'éducation forme des colons actifs et industrieux, tandis que les bancs de l'école et les classes des lycées n'y parviendront pas. Ce qui trempe le caractère, ce qui donne l'énergie, ce sont les fortes leçons de la nature dont le contact bronze les âmes. Il faut être préparé à la vie aventureuse, aux privations, pour affronter le rude labeur d'un premier établissement dans une contrée lointaine où il faudra défricher, qu'il faudra assainir, rendre habitable.

Le basque est par essence, par son caractère intrépide, un excellent soldat. Ce n'est pas faute de

vocation militaire qu'il se dérobe au service militaire.
Pierre Dibarrart, l'improvisateur bien connu, cor-
donnier de St-Etienne-de-Baigorry, a su, dans une
de ses brillantes improvisations, mettre en évidence
l'audace et l'endurance du basque sous les armes.

ESKUALDUN SOLDADOAK
Airea : *Yakintsunen arabera* edo *Lapurdi
Bachenabarre*

1

Eskualdun soldado batzu ditugu aiphaturen,
Leheneko denboretan, nola ibili diren.
Badazkit bien berriak, bat auzoan bainuen.
Huna : harrek erran hitzak dituzue entzunen.

2

Mila zortzi ehun eta bortzeko otsailean,
Herritik bia baikinen eroriak zorthean,
Alemanak Frantsesari oldartu zirenean ;
Gerlako armadan ginen Etsaiaren aldean.

3

Frantses eta Alemanen arteko ur-hegian.
Lau Eskualdun, bildu ginen uztailaren erdian.
Gorphutzez hain urrun eta gogoz Eskual herrian,
Gure sorlekhu ederrsz ginauden solasian.

4

Arpeggi-arrai batekin lagunak erran zautan :
« Orhoit hiza guk herrian zer ginuen hitzeman ? »
Lau herriko aritzea, lau arrotzi Pilotan ;
Han ginela aurkhituren Baïgorriko Bestetan.

5

Buruilean omen batai gerlaren hastapena.
Arte huntan egin lukek Baïgorriko yuan-yena.
— Oi! Harispe hemen baliz, eman lirok baimena.
Haren faltan dugun mintza kargu-bera due na.

6

Yaun on harek zaukunean baimen hura igorri.
Laster ginen abiatu bas'ahuntzak iduri.
Gure oinak zaldi, eta art'izarra bidari.
Eskualdunik baizik etzen lothuko bide horri

7

Nola uso gazte batzu osto eror denboran
Akhituz baitira helzten Ipharretik hegoan,
Halaber gu heldu ginen uztaileko beroan
Nekheak oro ahantziz sorlekhua gogoan.

8

Agorrilaren bian zen argi naste ederra !...
Laguna zait oihuzhasten « behazak urrunera !...
Lanhopetik Mendi batzuhan agertzen baitira?...
Nik hitz daiat hek direla ollandoi eta yara — »

9

Sorlekhuan sarthu ginen bozkarioz bethiak.
— Bestaren bezpera zela et zauden ahantziak.
Bi-Ezkilak errepikaz oihartzunka Mendiak !...
Gau hartan gu ait'amekin gozatu ginen biak.

10

Besta biharamuan baitzen partida hori.
Ospeka ziren arrotzak ikusterat ethorri.

Pilotari zahar batzu eman ziren chachari
Eta Pello bilo zuri paso-marran yuyari.

11

Zortzi gazte Pilotari suharki ginen hasi
Gudukarik hain ederrik nihoitz etzen ikusi
Ene lagun Martin baitzen pik emaiten nagusi,
Hari esker ginuen guk partida irabazi.

12

Hurbildu ginen eta zortzi Pilotariak sornurat
Akhiturik berotuak izerditan bustiak
Bainan gure arno onak phizturik zain guziak
Airoski eman gintuen Eskual dantza yauziak ! !...

13

Gure maite lagunekin oren guti egonik,
Bazkari bat egin eta ikusart erranik !
Yuan ginen gu armadalat berriz oïnak arinik.
Gero laster abiatu Alemanen ondotik.

14

Etsaiari yarraikjrik Austerlitz ondoraino,
Hango su izigartan mintzo ginen oraino :
— « Hobe zukan bai Pilotan hemen tiroka baino !
Berma gaiten han bezala garhaitu arteraino !...

15

« Haur gazteak, egizue othoitz Yainko Yaunari
« Izaiteko bethi prestu eta ohoragarri
« Sorlekhuan Pilotari armadetan gerlari,
« Orai ehun urthe ziren soldado hek iduri. »

Pierre Debarrart, Baïgorrikoa.

LE SOLDAT BASQUE

1

Nous allons vous parler de quelques soldats basques
Comment ils se sont conduits, dans les temps passés.
Je sais les nouvelles de deux, parce que l'un était
[mon voisin,]
Voici : vous allez entendre les paroles qu'il a dites.

2

« Le 5 février 1800 du village, les deux, nous étions
[tombés au sort]
Quand les Allemands attaquèrent les Français
Nous étions dans l'armée à côté de l'ennemi.

3

Au bord d'un ruisseau frontière, entre la France et
[l'Allemagne,]
Nous étions rassemblés, quatre basques, vers la mi-
[juillet.]
De corps si loin, mais de souvenir si près du pays
[basque !]
Nous causions de notre beau pays qui nous avait vus
[naître.]

4

Avec un visage radieux, mon compagnon me dit :
« Te souviens-tu de ce que nous avions promis au
[village ?]
De jouer à la pelote quatre du pays contre quatre
Que nous nous trouverions là   [étrangers.]
Aux fêtes locales de Baïgorry ?

5

Le commencement de la guerre, dit-on, aura lieu
[en septembre.]
D'ici là nous pourrions faire l'aller et le retour de
[Baïgorry.]
— Oh ! si Harispe était ici, il nous donnerait son
[consentement.]
À défaut, parlons-en à celui qui occupe le même
[grade. »]

6

Quand ce bon monsieur, nous eut envoyé son con-
[sentement,]
Vite nous partîmes semblables à des chevreuils,
Nos pieds, comme monture, et l'étoile polaire pour
[guide.]
Les Basques seuls sont capables d'entreprendre ce
[voyage.]

7

Comme deux jeunes palombes à la chute des feuilles,
Fatiguées arrivent du vent du Nord au vent du Sud,
Ainsi nous arrivâmes par la chaleur de juillet.
Oubliant toute fatigue, au souvenir du pays natal.

8

Le 2 août était la superbe aurore.
Mon compagnon me crie : « Regarde au loin
De dessous le brouillard on voit paraître là-bas des
[montagnes]
Je t'assure que c'est Oillarandoy et Yara.

9

Nous étions rentrés dans le pays natal pleins d'alle-
[gresse.]
Ils n'avaient pas oublié que c'était la veille de la fête,
Les deux cloches carillonnant, les montagnes ren-
[voyant l'écho,]
Cette nuit là, avec nos pères et nos mères nous
[jouîmes tous deux.]

10

Comme la partie avait lieu le lendemain de la fête,
En foule les étrangers arrivaient pour la voir
De vieux joueurs s'offrirent comme marqueurs,
Et Peyo, aux cheveux blancs, juge à la raie du milieu.

11

Huit jeunes joueurs commençâmes avec ardeur
De semblables luttes ne s'étaient jamais vues   [pic.]
Mon compagnon, Martin, étant maître pour butter à
C'est grâce à lui que nous gagnâmes la partie.

12

Nous nous approchâmes du bal, les huit joueurs
Fatigués, échauffés, suant, en nage.
Mais notre bon vin ayant ranimé nos muscles
Nous dansâmes légèrement tous les sauts des danses
[basques.]

13

Avec nos chers camarades étant restés peu de temps
Ayant dîné ensemble et leur ayant dit « au revoir. »
Nous repartîmes pour l'armée
Les pieds légers encore, puis vite
Nous poursuivîmes les Allemands.

14

Après avoir poursuivi l'ennemi jusqu'à Austerlitz.
Nous parlions encore de ce terrible feu
« Il faisait meilleur à la pelote qu'ici à coup de feu.
Efforçons-nous comme là-bas,
Jusqu'à ce que nous ayons vaincu. »

15

Jeunes enfants, faites des prières à votre seigneur
Pour être toujours braves et honorés.   [Dieu,]
Au pays natal joueurs de pelote ;
Dans l'armée bons guerriers
Ressemblant à ces intrépides soldats d'il y a cent
                                                    [ans.]

Pierre DIBARRART.
De Baïgorry.

On envoie le jeune berger basque, à l'âge de douze
ans, dans la montagne pour garder les brebis de son
père ou de son maître. De mai à septembre, il vit
dans le site le plus sauvage, dans une solitude complète. Il habite une cabane au centre de laquelle est
aménagé un foyer primitif ; roulé dans sa couverture, il dort tout habillé sur une planche ; une fois
par semaine on lui porte du pain, du jambon, de la
farine de maïs, ce sont ses vivres auxquels il ajoute
le lait des brebis et le petit lait des fromages qu'il
fabrique. Une fois par semaine seulement, il reçoit
des nouvelles de sa famille quand passe le messager
chargé de ravitailler les bergers d'une même région.
De temps à autre, il croise un autre troupeau et

retrouve un compagnon : mais ces rencontres sont rares et de courte durée. Dans la haute montagne c'est le loup, et du côté de Mauléon, l'ours qu'il faut se préparer à recevoir galamment. Le jeune berger et ses chiens y font leur possible, braves comme des héros pour défendre leurs bêtes de la dent cruelle ; ce sont les vents d'orage, les tempêtes, la foudre, les pluies torrentielles qu'il faut affronter, et les nuits froides après les feux du jour. Aux neiges, berger, chiens et brebis redescendent dans les vallées.

La montagne, cela pourrait être le *Borda* de nos futurs colons, une vraie École coloniale dont les élèves se recruteraient aisément parmi les milliers et les milliers d'enfants de l'assistance publique. Ils y apprendraient la sobriété, l'endurance, l'oubli d'eux-mêmes, le courage indomptable. C'était un simple berger des montagnes de la Lusitanie, ce Viriathe qui, pour reconquérir l'indépendance de sa patrie, tint en échec les armées romaines et ne put être vaincu que par la trahison. Mais la vie de la montagne semble maintenant trop pénible à la jeunesse basque. On trouve difficilement des bergers et le nombre des troupeaux a considérablement diminué.

Les enfants que l'on engage dans les fermes après leur première communion, reçoivent comme salaire 5 francs par mois jusqu'à 15 ans : les gages augmentent progressivement jusqu'au moment où l'adolescent, en possession d'un petit pécule, prend le chemin qu'ont suivi ses camarades, ses frères,

ses oncles. le chemin de l'Amérique aux rêves d'or.
5 o/o seulement des émigrants reviennent au pays,
les autres se fixent dans leur résidence d'outre-mer,
ils y fondent des familles, heureux d'avoir su acquérir par leur ténacité une honorable aisance.

Nous voulions apporter quelques arguments
agrestes et de franc parfum aux apôtres des champs.
Avons-nous rempli notre programme ? En tout
cas, nous avons tourné notre étude vers les leçons
que donne la nature et nous nous sommes abstenu,
de propos délibéré, de parler de l'éducation des
petits Basques, sous le rapport des principes de la
morale, des devoirs vis-à-vis des parents, du respect, de l'obéissance. Ces principes sont les mêmes
chez les Basques que chez tous les peuples que les
doctrines chrétiennes ont pénétrés de leur sève ; plus
ou moins bien observés, plus ou moins puissants
sur les âmes, ils se communiquent par tradition,
ils se lisent dans les cœurs d'hommes à hommes ;
ils ne se puisent pas au contact de la nature. Nous
aurions quelques regrets de n'en avoir rien dit, si
nous n'avions la bonne fortune de pouvoir réparer
notre omission en publiant une poésie qui nous
tombe sous la main, d'une allure vraiment magis-
trale. Elle répond aux questions que l'on pourrait
nous poser. C'est le même auteur, Pierre Dibarrart,
celui que nous avons déjà cité, le lauréat souvent
couronné des concours de poésie des fêtes basques.
Le concours avait lieu à Cambo en 1896, le sujet
était « l'allocution d'un grand-père à ses petits-fils ».
On admirera la hardiesse des images, la belle ordon-

nance des pensées. Pour nous, nous ne saurions citer de meilleures et plus nobles paroles.

ALLOCUTION D'UN GRAND-PÈRE
A SES PETITS-FILS

1

« Nous voyons un homme devenu grand-père,
Assis sur un escabeau, devant la maison ;
   Il a déjà établi ses enfants,
Et c'est à son petit-fils qu'il parle.

2

La neige n'est pas plus blanche au sommet de la
[montagne],
   Que les cheveux qui couronnent sa tête ;
Il est gai, néanmoins, et son langage est droit,
Quel plaisir pour son petit-fils que de l'écouter !

3

   Le grand-père lui dit : Vous, mon enfant.
      Vous avez bien appris la loi de Dieu ;
C'est seulement au sujet de la vie terrestre que je
[veux vous montrer]
Comment vous la pourriez rendre heureuse.

4

   Tous les jours ayez soin de prier Dieu,
      Soyez obéissant envers vos parents ;
      Ils ont le pouvoir de commander,
Si l'on méconnaît cette autorité, adieu la vie pai-
[sible !]

5

Levez-vous lorsque paraît l'étoile matinière ;
C'est la plus belle heure de la journée ;
C'est alors que dans le bois s'élève le chant du
[faisan,
Et que de dessous l'aile. émerge la tête de l'oiseau.

6

Mettez-vous au travail dès que se réveillent ces
[volatilles ;]
La main-d'œuvre matinale est la plus facile,
Quelle joie sera la vôtre au lever du soleil,
Lorsque le parfum des fleurs de la prairie frappera
[vos narines.]

7

Quand vous serez à table avec vos camarades,
Soyez avenant et aimable :
Faites que le pauvre honteux connaisse le rire,
Et que la joie renaisse dans son cœur !

8

Gardez l'usage de la langue basque,
Il n'y en a point de plus belle sous le ciel ;
Telle que l'aigle chargé d'années au-dessus des
[papillons,]
La langue Heuskara plane au milieu des langues
[voisines.]

9

Les meilleures des femmes sont celles du pays
[Heuskara :]
Laborieuses comme l'abeille, aussi douces que
[l'agneau,]

Lorsque vous aurez dépassé les vingt ans,
Regardez de près à l'une de celles qui aura ces
[qualités.]

10

Si cette année ne termine pas ma carrière,
Je vous montrerai les sauts basques ;
Bien que devenu grand-père, je ne les ai pas ou-
[bliés,]
Il vous faut les apprendre tous, si cela est en mon
[pouvoir.]

11

Le grand-père commença, en chantant sur l'air des
[Muchiko,]
A cadencer sur la terre tous les pas de cette danse,
Et il n'y eut de trêve que lorsqu'elle fut bien apprise;
Que la maison est radieuse avec un pareil grand-
[père !]

Du pays basque, on a dit avec raison que les enfants y savent danser avant que de savoir appeler leur papa et leur nourrice. Et avec quelle grâce, quelle souplesse, quelle élégance, de petits garçons à peine âgés de 7 ou 8 ans, se mettent à exécuter les pas et les sauts de la danse nationale aussitôt que sur la place du village ils entendent jouer sur une petite flûte l'air des Mutchiko que célèbre M. Pierre Dibarrart dans sa belle improvisation. Ces enfants ne semblent pas peser sur la terre plus que des papillons et des oiseaux. Le grand-père s'est formé des élèves dignes de son art ; danse guerrière ou danse sacrée qui a été transmise fidèlement d'une génération à l'autre avec son caractère noble ; qui impose au danseur une tenue irréprochable, grave et hardie à la fois et lui donne l'occasion de déployer une agilité extraordinaire, car le saut se multiplie à mesure que le rythme de la musique devient plus rapide et plus entraînant. Les jeunes garçons dansent le saut basque entre eux, ils doivent avoir les épaules effacées, le corps droit, la tête légèrement inclinée sur la poitrine, les regards fixés sur le demi-cercle qu'ils s'appliquent toujours à décrire et qu'il est défendu d'étendre ou de rompre.

—

LES HOTES DE LA MAISON BASQUE

LES HOTES DE LA MAISON BASQUE

Dans le village, il y a environ cinquante ans, tout le monde connaissait Catalina Urutchikia. Cette vieille femme était le type achevé de la vieille basquaise. Ridée, parcheminée comme une momie, un grand nez pointu, le nez des gens de sa race, elle était par surcroît affligée d'un son de voix aigre et d'une surdité complète. Le travail, les privations de toutes sortes l'avaient usée jusqu'à la corde. Cependant, sorte de juif-errant en jupon, elle courait les routes, sans paix ni trêve. Comment aurait-elle pu se reposer ? On ne connaissait pas dans le pays cette sorte d'institution qu'on appelle des asiles de vieillards. Pour vivre, pour manger, il fallait marcher. Les anciens se la rappellent encore. Son grand foulard, vieux et passé de couleur, noué sous le menton ; son parapluie antédiluvien attaché en bandoulière sur le dos, elle s'en allait accompagnée d'un petit âne gris et faisait les commissions pour les bourgeois du canton. L'âne était pelé, osseux, château branlant comme elle : ensemble l'âne et la femme avaient signé un pacte avec bonhomme

Misère, Phétiri Sant. chez les Basques. Mais qu'ils étaient donc honnêtes tous les deux ! Sobres, durs à la fatigue. insensibles aux pluies, à la neige, aux orages. si simples d'esprit et si braves. Rien de compliqué ne leur allait : la maîtresse ne savait ni lire ni écrire. l'âne était trop affaibli par l'âge et les jeûnes pour se charger de lourds fardeaux.

Pour tout bât, il portait son paquet de haillons : ce que l'on garde dans toutes les maisons basquaises sous le nom de loques de l'âne, *Astuaren Phildac,* et que l'on attache autour du corps par une grosse corde de laine. L'installation de ce bât était incommode pour les objets fragiles et les denrées qui craignent l'humidité. Le lundi, ils rapportaient du marché de Saint-Jean-Pied-de-Port, des volailles. et dans la saison des plants de piments. des oignons, des plantons de choux. Rarement on les payait en argent. le plus souvent ils recevaient pour leur peine du pain. du maïs, du jambon, du vin.

Catalina habitait sur le chemin qui monte dans la montagne vers la frontière espagnole, une masure délabrée dont aujourd'hui il ne reste plus une pierre. Comme son âne et elle marchaient lentement, ils revenaient tard de leurs courses : il faisait nuit lorsqu'ils traversaient le village, quelquefois dix heures avaient déjà sonné au clocher de l'église, la pluie tombait à torrents. Tout le monde était au lit. Elle criait après l'âne et lui trottait menu de ses sabots contre les pierres. On les entendait. On ne se dérangeait pas ; on se disait : « Voici la vieille Urutchikia qui revient bien tard du marché ; ils ne sont sans doute pas trop secs par ce chien de temps. » Elle n'arrivait chez elle que très avant dans la nuit.

Une nombreuse société l'attendait et cette perspective de se retrouver enfin au milieu de son monde lui donnait du cœur et des jambes. L'obscurité, la pluie, le froid, la fatigue, glissaient sur elle, car il lui tardait d'être au port, sachant qu'on guettait son retour, qu'on avait faim et soif, qu'on s'agitait, qu'on s'impatientait parce qu'elle n'était pas encore là. Se savoir indispensable à quelqu'un, à quelque chose, à des êtres aimants que l'on aime, c'est le tout de la vie; pour elle c'était son étoile consolatrice dont les rayons la conduisaient lorsque ses pauvres yeux ne distinguaient plus les cailloux et les fossés. Aussi l'âne et elle hâtaient le pas autant qu'ils en étaient capables.

Une unique pièce composait sa demeure. Elle n'éprouvait aucune envie d'avoir une seconde chambre, tant l'intimité qui régnait entre elle et ses hôtes était cordiale. Et dès qu'elle avait ouvert la porte, quels joyeux concerts, quelles exclamations, quels bonds pour atteindre jusqu'à ses vieux doigts raidis, transis par le froid, les couvrir de baisers chauds et de coups de langue ! Elle allumait un feu de branches sèches et une claire flambée illuminait la chambre ; elle s'asseyait auprès de l'âtre ; ses compagnons se serraient autour d'elle, lui grimpaient sur les genoux, sur les épaules, la mordillaient, poussaient de petits cris, se roulaient sur le bord de ses jupes ; l'âne allongeait sa grosse tête au milieu du cercle, il cherchait sa part de la chaleur du foyer.

Alors Catalina sortait de son sac de toile grise les vivres qu'elle avait recueillis en route. Ses chats, son roquet jaunâtre, sa chèvre, son petit porc, ses deux poules, toute la fidèle compagnie qui pendant la journée avait miaulé, pleuré, gémi sur son absence, prenait place au festin. Chaque bouche en recevait une portion, peu lorsqu'il y avait peu, davantage lorsqu'il y avait beaucoup, et elle-même qui servait les autres, ne se servait ni mieux que ses bêtes, ni la première ; elle faisait sa distribution avec un esprit d'équité admirable. Tout en mangeant, elle jacassait très fort, elle parlait à ses chats, interrogeait son chien, disait des mots de caresses à ses poules et interpellait son porc, racontant à tous ce qu'elle avait fait, les chances et les malheurs qu'elle avait rencontrés, prenant l'âne à témoin, rapportant à ses compagnons les nouvelles de la ville. Elle riait et chantait en même temps et ceux qui passaient, venant d'Espagne ou s'en retournant, contrebandiers, douaniers, muletiers et trafiquants, entendaient de gais propos et des éclats de voix. Ils pensaient : « Voilà de bons vivants qui passent cette nuit en bombance ». Ils jetaient sur la pauvre demeure un regard d'envie et se prenaient à faire cette réflexion qu'il n'y a pas de masure et de misère qui tiennent lorsque la belle humeur y est.

De ce lointain souvenir, il ne faut pas conclure que parmi les Basques, on soit disposé à témoigner aux bêtes une affection peu commune. Catalina Urutchikia était au milieu des siens une exception. Si elle avait eu de la fortune, il y a gros à parier que ses héritiers eussent été choisis parmi ses chats et ses autres quadrupèdes. Son pauvre âne aurait bien mérité qu'on lui fît des rentes, mais ce bonheur n'a pas été pour lui ; son alliance avec Phétiri Sant était à la vie et à la mort.

Le paysan basque se montre plutôt indifférent pour les animaux de sa ferme, il les abandonne à eux-mêmes, ce qui les rend sauvages et d'une indépendance excessive. Aussi est-ce à dessein et contrairement à l'usage général, que nous ne les avons pas appelés « domestiques » ces fidèles et utiles serviteurs ; désirant nous occuper d'eux pendant quelques instants, nous avons intitulé notre étude : *Les Hôtes de la Maison Basque*. Il nous a semblé que le nom d'hôte était celui qui leur convenait le mieux à cause de la liberté qu'on leur laisse. Nous ne disons pas qu'ils soient des étrangers, des nouveaux venus ; cette question de leur origine regarde les érudits qui l'ont étudiée de près et savent d'où viennent les races du pays. Nous nous bornerons, sans être affirmatif au delà de notre connaissance, à chercher quelques traits de mœurs et à noter les dissemblances avec les animaux domestiques des autres populations. C'est un intérêt un peu sentimental, quelque peu ethnographique, qui nous servira d'excuse, nous l'espérons, auprès de nos lecteurs, de venir leur parler d'un sujet un peu différent de ceux dont nous nous sommes occupé jusqu'ici. Bravement nous dégringolons nombre d'échelons, jusqu'au bas de l'échelle, auprès de la gent emplumée, au milieu de nos frères et de nos sœurs à quatre

pattes. Invoquons un grand patron dont personne
n'a jamais songé à rire, saint François d'Assise,
qui suivait du regard, dans l'azur des cieux, une
délicate hirondelle et qui appelait la gracieuse bes-
tiole « sa sœur ».

Chez les Basques, les animaux domestiques
prennent leur revanche de la servitude étroite où ils
vivent partout ailleurs. La servitude ôte l'initiative ;
l'indépendance développe la sagacité et même chez
les bêtes met de l'esprit jusqu'au bout des pattes.
Ici, les bêtes savent se conduire seules et souvent ce
sont elles qui conduisent leurs maîtres. Elles y
apportent une entente, une supériorité qui vous
saute aux yeux et vous émerveille.

Dans beaucoup d'habitations paysannes, le rez-de-
chaussée appartient aux bestiaux. La porte de la
maison reste ouverte tout le jour ; les Basques
n'aiment pas les portes fermées ; ils sentent si peu
le besoin de se clore, que très souvent ils ont pour
fenêtre un simple contrevent qu'ils ne peuvent
fermer sans être plongés dans l'obscurité. Les bêtes
entrent et sortent selon leur fantaisie et les affaires
qu'elles ont en tête ; personne ne s'inquiète de leur
absence, de leurs allées et de leurs venues. Pour
gagner le pied de l'escalier, pour pénétrer dans la
cuisine, le paysan passe forcément chez elles ; on
patauge jusqu'à la cheville dans la litière. S'il pleut
cela devient un marécage et tous les jours on verse
pieusement les eaux ménagères, les immondices de
la maison sur ce fumier, soi-disant pour l'améliorer.
Les émanations du rez-de-chaussée montent dans

les chambres où l'on couche et cela devient une infection. Cette infection donne naissance à de fréquentes maladies. La maison que la fièvre typhoïde a envahie est sur la montagne, dans le plus beau des sites, abreuvée par un ruisseau limpide, mais elle porte le mal dans ses flancs. On conserve le foyer malsain malgré les ravages répétés de l'épidémie, parce que l'on est insouciant, parce qu'on est trop pauvre pour bâtir une étable ou une porcherie, et enfin, nous l'avons souvent entendu dire, parce qu'il ne faut pas trop de propreté, cela nuirait. Le préjugé contre la propreté est enraciné ; pour écarter le danger des contagions, on introduit au milieu des autres bêtes, un bouc puant dont l'odeur intolérable se répand non seulement dans la maison, mais au dehors. Voilà comment on applique, à notre époque, dans les campagnes reculées, les notions les plus élémentaires de l'hygiène. Les victimes de cette barbarie ne sont que trop nombreuses, surtout parmi les jeunes mères et les nouveau-nés.

De tous les animaux domestiques, le cheval et l'âne sont les plus indépendants. Nous n'avons pas grand chose à dire du cheval que le Basque n'aime pas et ne comprend pas ; il le regarde comme un animal de peu de rapport et presque de luxe. Les charrois, les labourages, les travaux de toute sorte sont faits par les attelages de vaches. Le cheval que l'on ne soigne pas, disgracié du sort, erre le long des routes, à la recherche d'une pâture : il rentre le soir, passant à travers le village, il hume l'air pour retrouver son écurie, personne ne prend garde à son

petit galop de retour. C'est lui qui évite, en passant,
de renverser les petits enfants que l'on laisse jouer
dans la rue.

Quant à l'âne, c'est un élève endurci du vagabondage, qui ne songe même pas à rentrer le soir,
à la maison : il est amateur du clair de lune et profite des heures de la nuit pour franchir les haies
par quelque défaut qu'il a su découvrir et souper
dans un beau champ de blé. Le maître est complice de ses larcins : lorsque le champ du voisin ou
le pré sont pourvus d'une herbe appétissante, le
maître ouvre lui-même la barrière. Malheureusement, on connaît la mauvaise habitude de Martin
de braire pour manifester sa joie ; il se vend et
trahit son maître qui le roue d'autant plus de coups
de bâton que les suites de l'indiscrétion sont plus
fâcheuses. Une existence de maraudeur a rendu
notre âne têtu et rusé, il a tourné son esprit vers la
malfaisance, personne ne l'aime et n'a pitié de lui.
On ne lui accorde jamais pour le réconforter, un
modeste picotin, ni une brassée de foin sec ; il faut
qu'il se débrouille et c'est merveilleux de voir
comme cet animal qu'on accuse de stupidité, sait
se tirer d'affaire. Du reste, la meilleure preuve que
l'on compte sur sa lucidité, c'est que l'on a recours
à ses services dans des circonstances difficiles. Une
vache est-elle récalcitrante, ce qui ne manque pas
d'arriver aux vaches comme à bien d'autres ; on
l'attache par les cornes et on passe la corde au cou
de l'âne. On confie à l'âne la conduite de la rebelle :
il s'acquitte de sa mission d'un air entendu, moitié

tirant sur la corde, moitié usant de persuasion. On
le voit également sérieux, tout à sa besogne, servir
d'entraîneur aux attelages de chevaux ou de vaches.
On l'attelle sur le côté ou en arbalète, et il marche,
traînant de tout son cœur et indiquant la voie.
Eh bien ! malgré son incontestable utilité, malgré
l'adresse qu'il déploie pour passer, grâce à son
petit sabot montagnard, par les plus mauvais chemins, descendre et côtoyer les précipices, il reste le
souffre-douleur. Le proverbe basque dit fort justement : L'âne porte le vin et boit l'eau ». On lui
impose les corvées les plus variées ; il est dur à la
fatigue, insensible aux intempéries, très robuste
sous son poil bourru. Un vieux proverbe rend
hommage à ses vertus : « Quand il lui plaira, celui
qui a le bast et l'asne en sa mangeoire, ira à la
foire ». Tout chétif qu'il paraisse, il porte de lourdes
charges. Sur son échine prend place, sans vergogne,
la maîtresse grande et forte, les paniers remplis de
fruits et d'œufs attachés sur les côtés du bât. On lui
passe autour du cou un simple licol. Pour le conduire, la bride et le mors ne serviraient de rien ;
quoi qu'on tente, il n'en fait qu'à sa tête. S'il lui
prend fantaisie de suivre un chemin de traverse, ou
de faire halte, il sait offrir une belle défense. Perrette
n'a qu'à se bien tenir et à déployer son agilité ; qu'elle
saute à terre et qu'elle sauve ses paniers. Si elle
entame la lutte, maître Aliboron aura la dernière
riposte et notre dame et ses précieuses denrées rou-
leront de compagnie dans le fossé.

En Navarre, on a une belle race de grands ânes ;

en pays basque français, l'espèce est misérable. Cet enfant dégénéré de l'Afrique, dont la valeur moyenne n'est guère que 18 à 20 francs, est voué à une vie de dénuement et d'humbles travaux. Le pauvre méprisé a servi de tout temps aux coutumes infamantes. C'était sur son dos que l'on condamnait de malheureuses femmes à être promenées au milieu d'une foule de curieux et d'insulteurs, « le visage tourné vers la queue, suivant le supplice ordinaire ». Cette dégradante promenade, si fréquente au Moyen Age et que l'on prolongeait jusque dans l'intérieur des églises, fut infligée encore à Paris, peu d'années avant la Révolution et peut-être pour la dernière fois, à la fameuse femme Gourdan, dite « la Comtesse », dont la boutique de curiosités et chinoiseries était rue des Deux-Portes-Saint-Sauveur (*Cabinet du duc d'Aumont*, Aubry, Paris, 1860).

Dans les villages basques, lorsque les jeunes gens organisent une de ces mascarades dont ils tourmentent les personnes qu'ils supposent être d'une conduite légère, les veufs et les veuves qui se remarient, les soi-disant mauvais ménages, l'inévitable âne apparaît au milieu du cortège, monté à rebours par celui qui remplit le rôle de l'avocat. Cette cérémonie s'appelle : « Faire Carossa ». Les jeunes gens en vêtements blancs sont tout enrubanés de faveurs bleues et roses que l'on a cousues sur la couture du pantalon, sur les manches et sur le plastron de la chemise ; ils portent sur les épaules un grand empiècement de taffetas ou de satin de couleurs chatoyantes ; des broches d'or et des bijoux

de toutes sortes ornent leur veste, car toutes les
parures du village ont été mises à leur disposition,
ils tiennent à la main de longs bâtons agrémentés
de nœuds, entourés de rubans comme les houlettes
des bergères de comédie : ils sont coiffés de grands
casques empanachés, et comme tous sont de beaux
jeunes gens et des adolescents grands, vigoureux
et souples, ils ont fort bon air : ils dansent le saut
basque avec grâce et agilité et forment une procession, musique en tête, qui s'en va à travers le
village et s'arrête devant les maisons des notables.
Des versificateurs font l'historique de l'aventure : un
dialogue s'engage entre le mari et la femme que
représentent des personnages déguisés ; l'avocat,
individu à grosses lunettes, fait mine d'enregistrer
ce que l'on dit dans un livre qu'il a placé sur la
croupe de l'âne. D'une main il tient une énorme
plume, de l'autre il tire sur la queue de l'animal.

Les misères d'un vieil âne sont le sujet d'une
chanson en dialecte souletin que M. Francisque
Michel a publiée dans son ouvrage si complet,
Le Pays Basque (Paris, Firmin-Didot, 1857). La
chanson dit :

Avant aussi je connaissais la renommée de cet âne.
Sa carcasse avait été vendue en échange de mensonges.
Son cou aussi a trois cannes de longueur,
Ses os et sa peau sont tous mangés par les mouches.
       Quel est ton travail ?
       Marche, gagne-petit,
       Ta renommée n'est plus.

> Toi qui fus quelque chose autrefois,
> Es-tu venu chez moi pour faire ton testament?
> Mettons-le dans un champ pour chasser les oiseaux.

Si l'on n'est pas bon pour l'âne, par contre on tient le mulet en haute estime. Le mulet est l'animal favori du Basque, on le considère comme une vraie richesse pour celui qui le possède et l'on dit :

> Quand on est Basque et bon chrétien,
> Qu'on a deux mules pour tout bien,
> L'on n'a besoin de rien.

On est fier de posséder un mulet grand, vigoureux, de belle espèce. On met un véritable luxe dans son harnachement. Sous le bât orné de garnitures de cuivre qui a une forme haute et vous emboîte, on étend une couverture espagnole, rayée de couleurs éclatantes, bordée de pompons. La bride de cuir est ornée de clous de cuivre ainsi que le frontal qui est en cuir de couleur. Le tout est rehaussé par des pompons et des franges rouges, bleues, jaunes, dont l'effet est très élégant. Un sac de laine à double poche sur les côtés que l'on nomme *alforchac*, en étoffe de laine à raies de couleurs vives et à franges, forme une sorte de couverture supplémentaire sur la croupe de l'animal. Des deux côtés de l'alforchac, pendent les poches où le cavalier enfouit son bagage. L'homme et la femme, la femme surtout, enveloppée de sa longue cape noire qui lui voile en partie le visage, haut juchés sur le dos du mulet, rappellent, par leur ensemble, par la placidité et la patience de leurs allures, une silhouette d'Arabe du Nord de l'Afrique, on dirait de quelque Touareg du désert. Au point de vue du pittoresque comme de l'origine de la race, l'observation paraît intéressante.

Le mulet que l'on traite avec tant de distinction ne pouvait que tourner à la vantardise. Le proverbe basque lui demande : « Mulet, qui est ton père ? » Le mulet répond : « La plus belle jument qui soit en tous les monts des Pyrénées est ma mère ». Le proverbe est d'une justesse étonnante. En tout pays, la mule qui n'a, semble-t-il, guère sujet de s'enorgueillir, le porte haut, tient à sa respectabilité, choisit avec soin ses relations et prise la bonne compagnie avant tout.

La mule, et c'est là un des traits saillants de son caractère, écrit Froebel (*Sept ans dans l'Amérique centrale*), témoigne à l'âne autant d'aversion, autant de mépris qu'elle montre de respect et d'estime pour le cheval. Qu'un âne, se prévalant de son parentage avec les mules, leur adresse quelque visite, qu'il se hasarde parmi le troupeau, ses fières cousines le renverront impitoyablement à coups de pied, tandis qu'elles accueilleront le cheval avec tous les honneurs dus à un gentlemen de bonne maison. Les Mexicains, ajoute Froebel, tiennent leurs mules réunies en voyage en introduisant dans la caravane quelque jument portant une sonnette au cou. Cette bête qu'ils nomment la jument mère, la « Yegua Madre », est considérée comme une reine par le troupeau. Toutes les mules la suivent et se rangent autour d'elle.

A toutes les époques, le mulet, en basque *Mondoa*, a abondé dans le pays. Il fallait de nombreux mulets pour porter depuis la forêt ou la mine, le charbon et le minerai jusqu'aux hauts-fourneaux où se grillait le cuivre et se coulait la fonte. A mesure que l'on épuisait les forêts, dénudant les montagnes, le prix de revient du charbon, et par conséquent du métal augmentait. Lorsqu'il n'y a plus eu de forêts que dans les plus hauts et lointains sommets, l'exploitation a cessé et aujourd'hui les mines sont abandonnées. Les mulets desservaient également les fonderies de canon. C'était à dos de mulet qu'on transportait à Bayonne, pour le service du roi, les pièces de canon. Il n'y avait pas de routes, à peine de mauvais sentiers, où, en traversant des fondrières tombaient pièces et mulets. Sur des cahiers de comptes qui datent d'avant la Révolution, on voit la mention de pièces qui se sont ainsi égarées sur leur route et ne sont jamais parvenues à destination.

Les misères du charbonnier et de son mulet ont servi de thème à une chanson que M. Francisque Michel a éditée. Le mulet du charbonnier est tout émerveillé de sa bretelle de devant parce qu'elle est moitié chanvre, moitié chiffon, ramassé un à un, çà et là, à terre. Le trait est bien basque. N'est-ce pas une humiliation pour le mulet de partager avec l'âne les loques que la maîtresse de maison met de côté pour servir de bât? M. Augustin Chaho avait transcrit le texte d'une chanson : « Le Mulet de la Forge ».

Il y est question du service du roi que les mulets avaient à faire dans les fonderies royales de la Navarre.

> Pour le service du roi
> Le mulet va au trot,
> Ses cordes traînant
> Cent nœuds et
> Deux cents bouts.

Encore aujourd'hui c'est à dos de mulet que l'on transporte dans des outres, depuis la frontière, le vin que l'on achète en Espagne. Ce vin prend en séjournant dans les peaux goudronnées, un goût désagréable. Le muletier attache à la queue-leu-leu cinq, six mulets, et descend ainsi le long des chemins escarpés ; le charbonnier arrive de la forêt, menant également ses mulets en file. Ce sont maintenant les derniers jours de la vie des mulets. Les voitures et les chemins de fer vont bientôt les avoir fait disparaître (1). Il y a quelques années, on célébrait encore la fête des mulets dans le pays ; cette fête eut lieu dans le village de frontière que l'on nomme Arnéguy, dans le canton de Saint-Jean-Pied-de-Port. Le jour de la fête, à l'angelus, les abords de l'église présentaient une animation inaccoutumée. Ils étaient encombrés par tous les mulets de la région franco-espagnole. S'agissait-il de recensement ou de remonte? Non. C'était tout simplement la Saint-Antoine, patron des Mulets. Ceux-ci avaient

(1) Récit de l'Escual Herria.

été amenés là pour assister à la cérémonie célébrée chaque année en leur honneur : Au premier coup de l'angélus, les muletiers, à la tête de leur cavalerie, font trois fois le tour de l'église dans le silence le plus religieux et le recueillement le plus profond. Ensuite, à genoux, on récite le chapelet, les litanies, etc. Les mulets reçoivent-ils double ration? Je l'ignore. Ce qui est certain, c'est que muletiers et charretiers se réunissent dans un banquet de gala ; que le soir, avec leurs guitares et mandolines, ils font de nombreux *passe calle* nocturnes, variant les airs qu'ils accompagnent de leurs roulades monotones et nasillardes. On se quitte tard dans la nuit, chantant et jurant comme des charretiers.

Après son mulet, c'est à sa vache que le Basque attache le plus de prix. La vache représente un gros capital. Il en prend soin, plus que de ses parents, surtout si ceux-là sont des vieillards. Lorsqu'elle tombe malade, il se hâte d'appeler du secours, tandis que pour sa femme, il ne se dérange qu'à la dernière extrémité. Lorsque le veau est né, il entoure la vache de prévenances, il ne la laisse pas sortir et lui donne des boissons tièdes ; si le veau naît dans la prairie, il le rapporte avec soin dans ses bras et ramène la mère tout doucement. La vache basque est d'une race petite, rapide à la marche, fine, d'une robe jaune ou brun très clair, tout unie : c'est un animal de montagne qui a plus de nerf que de poids, peu de lait, mais un lait épais et crémeux qui élève avec succès les jeunes bouvillons.

On mène à l'aiguillon la paire de vaches sous le

joug ; on ne la conduit pas à l'aide de rênes fixées aux oreilles comme dans la Gironde. Les vaches traînent avec bonne humeur, sans qu'on ait besoin de les exciter à la besogne. Un proverbe basque rend hommage à cette disposition méritoire : « Au lieu que ce serait au bœuf de se plaindre, c'est la charrette qui fait le bruit ». Le bouvier a confiance : il dort sur sa voiture ou il reste en arrière pour causer. Les braves vaches sont si avisées, que d'elles-mêmes elles se rangent quand elles croisent une autre voiture ; si le conducteur, en passant près d'une place, se laisse entraîner à faire une partie de pelote, elles attendent avec résignation que le bonhomme ait repris son bon sens.

Leur perspicacité, leur instinct d'orientation est extrême. Il est de coutume d'envoyer le bétail dans les pacages communaux de la haute montagne, au printemps, à 5o et 6o kilomètres des vallées. Des centaines de vaches sont réunies sous la garde d'un seul berger. Lorsque les vaches d'un même village ou d'une même ferme ne trouvent pas l'herbe abondante, qu'elles se sentent prises du mal du pays, elles se concertent entre elles et subrepticement, à la tombée de la nuit, elles s'assemblent ; la plus belle vache, celle qui porte une cloche à son cou, prend la tête, et le troupeau, sous la direction de son chef, commence la descente d'un pas régulier en conservant pendant la marche le plus grand ordre. Toutes les vaches s'avancent posément, franchissant pendant la nuit des pays qu'elles n'ont parcourus qu'une fois ; elles arrivent au matin dans leur village

et se dispersent, chacune d'elles allant se présenter
à la porte de son étable. Le maître, ébahi de leur
retour, maugrée contre une fantaisie intempestive,
mais force est d'ouvrir et les bêtes satisfaites, re-
prennent leur place favorite à la crèche.

En Suisse, comme dans le pays basque, quand
vient le mois de juin, le bétail de la plaine monte
aux pacages sur les sommets pour y passer l'été. La
plus belle vache marche en tête, elle porte au cou
le large collier de cuir ouvragé qui soutient la cloche, le « toupin ». On a vu des vaches, raconte
Wood « *L'homme et la bête* », mourir de douleur
parce que le toupin et leur rang avaient été trans-
mis à quelque autre.

Le grand luxe du pays basque consiste à recouvrir le joug d'une peau de chien bien fournie de
poils reluisants et égaux. Lorsque c'est une peau
noire, l'effet est des plus joli et fait un agréable
contraste avec les grands draps très blancs dont on
a l'habitude de recouvrir les vaches, tandis que l'on
met sur les mufles des filets garnis de pompons de
couleur. Les filets garantissent des mouches qui
sont particulièrement mauvaises et tenaces dans le
pays. On nomme « Maréac » les beaux draps blancs
de l'attelage, et on les conserve dans les maisons
paysannes, avec le même soin que le drap destiné à
servir de linceul.

Les vaches sont confiées aux soins des hommes,
et nous avons déjà eu l'occasion d'observer l'usage
très curieux de faire traire les vaches par les
valets de la ferme. Presque partout ailleurs, écrit

M. Wentworth Webster, dans une note érudite que nous devons à son obligeance, « c'est la femme qui est chargée de la traite. On dit même que dans le sanscrit, le nom le plus ancien pour la fille de la maison (daughter) est « çelle qui trait les vaches » (the milker). C'est une des preuves que les Basques ne sont pas de la grande race aryenne ou indo-européenne. »

On désigne les vaches du nom de la maison dans laquelle elles sont nées ou ont été achetées. On se sert également de quelque particularité physique comme de longues cornes, un pelage plus clair, plus foncé, etc. On affirme l'individualité de la vache en lui accordant l'honneur de porter un nom. C'est une exception que l'on fait en sa faveur, car, parmi les animaux domestiques, même le chien, cette bête que sa supériorité intellectuelle met à part, aucun autre ne reçoit un nom qui soit à lui personnellement.

D'une ferme à l'autre, d'un bout de la montagne à l'autre, tous les chiens sont connus sous une même appellation : « Nafarro » ou « Nafarra », qui signifie « de couleur mélangée ». Le Basque s'étonne lorsqu'on lui demande comment s'appelle son chien. En signe d'amitié il lui dit : « Potcho », ou « Ttêtê ». Ces petits termes d'amitié ne constituent nullement des noms propres. Tous les favoris y ont les mêmes droits. Le mot chien se dit en basque *Chakura*.

Le chien basque de montagne est d'humeur indépendante : c'est un original qui adopte des habitudes et prend des idées particulières ; dont on s'occupe fort peu et que la nature a doué supérieurement. Il est

consciencieux ; il a le sentiment de sa responsabilité
et n'est batailleur que lorsque son devoir l'appelle à
combattre. A l'heure du combat, il devient redoutable, car sa force est peu commune. De grande taille,
il a une tête de lion, des oreilles pointues bien dressées, le cou puissant, la mâchoire terrible. Il suffit
que le chien d'une ferme ait la renommée d'être bon
gardien pour tenir les malfaiteurs et les indiscrets à
distance : personne n'ose s'aventurer là où il veille.
Son poil épais, imperméable aux intempéries, le
garantit du froid ; il est blanc, souvent marqué de
taches noires ; ses pattes sont grosses avec des
ongles supplémentaires auxquels la superstition
attribue la vertu de le préserver de la rage. Il
mesure environ un mètre de haut et peut avoir
jusqu'à un mètre cinquante de long, du bout du
museau à l'extrémité de la queue. C'est un bel
animal qui a de la valeur. Été comme hiver, il vit
dehors et ne doit pas s'absenter de la ferme, ni
descendre au village, ni rentrer dans la maison. Il
faut qu'il garde le bien, car la famille est souvent
absente, appelée au loin par les travaux agricoles
pour toute la journée. Mais on peut être tranquille,
il n'est pas nécessaire de fermer les portes, Nafarro
sait quelle responsabilité pèse sur lui. Comme la
journée est longue et la solitude complète, il s'ins-
talle devant la maison, sur une meule de fougère,
et feint de dormir, ce qui l'aide à passer le temps.
En réalité, il ne cesse pas un moment d'être aux
aguets et, à la moindre alerte, d'un bond, il quitte
son observatoire et se porte à la rencontre de

l'intrus, homme ou bête. Ses aboiements remplissent les airs et font retentir les échos, car sa voix est
forte et grave ; l'intrus bat prudemment en retraite :
c'est le seul parti à prendre. Lorsque les maîtres
sont rentrés, le chien attend avec patience qu'on lui
apporte son repas, composé de farine de maïs pétrie
dans de l'eau, pitance ordinaire excellente pour
surmonter la « maladie des chiens ».

Aussi longtemps que sa conscience le guide dans
le sentier du devoir, tout va bien pour lui. On ne le
caresse pas, mais on ne le bat pas, ce qui est une
compensation. Malheur à lui, par contre, le jour où
une passion coupable le sollicite à mal faire. Il n'y
aura pas de merci pour lui. Cette passion néfaste
l'emmène dans la montagne où il sait qu'un troupeau de moutons a établi son quartier général.
Il étrangle les brebis, suce leur sang et dévore les
parties de chair pantelante dont il est le plus friand.
Il met une ruse infernale à quitter la maison lors
qu'il pense que son absence passera inaperçue.
Après avoir accompli son forfait, il revient, comme
si de rien n'était, faire le bon apôtre aux pieds de
ses maîtres. On ne peut le soupçonner d'un crime :
le scélérat prend un air si soumis, si innocent !
O l'hypocrite ! Et le berger, de son côté, n'a rien vu,
car la méchante bête a profité d'une heure où il visi-
tait ses autres pâturages, et ce n'est qu'à son retour
qu'il voit son troupeau en désordre et trouve des
cadavres à moitié rongés ; il est au désespoir, il
cherche le coupable, il le guette et le guette vaine-
ment ; pendant qu'il guette, le chien, pour dépister

les soupçons, s'en est allé ravager d'autres troupeaux à de grandes distances, qu'il a parcourues en un clin d'œil. Mais, à la fin, quelque indice met sur les traces du criminel ; le maître est rendu responsable et doit payer les dégâts : mauvais quart d'heure pour le pauvre paysan, qui perd à la fois et son argent et son chien. Un chien vicieux est incorrigible et il faut le tuer immédiatement. Certains éleveurs des confins de Baïgoura se plaignaient des dégâts que des chiens soi-disant de garde, mais que le goût du sang frais et de la chair crue transforme en véritables loups-cerviers, causaient dans leurs troupeaux. C'était trois et quatre têtes de brebis que l'on trouvait ainsi égorgées chaque jour dans les pâturages, et le préjudice que les éleveurs éprouvaient de ce chef, devenait une réelle calamité.

Or, il est reconnu que ces chiens malfaisants ne s'attaquent jamais aux animaux de la ferme dont ils sont sensés avoir la garde ; c'est à plus de 20 kilomètres du logis qu'ils se rendent parfois pour assouvir leur goût carnassier.

Un jour — il y a de cela longues années — un propriétaire d'Irissarry revenant en voiture de Bayonne, fut bien surpris de remarquer, au crépuscule, aux abords du pont suspendu d'Itsatsou, son propre chien qui passa à ses côtés sans avoir l'air de le reconnaître, descendit la berge et se mit de suite à laver dans l'eau courante le sang qui maculait son museau.

Notre voyageur arrêta un instant la voiture pour se rendre compte de ce manège aussi imprévu qu'insolite. Le lendemain matin, après avoir bien examiné l'état replet de son chien, qui était rentré, lui aussi, au logis, à la faveur de la nuit, il l'abattit d'un coup de fusil.

Particularité digne de remarque, à partir de ce jour, et pendant assez longtemps, les bergers du Mondarrain n'eurent plus de brebis égorgées dans les landes communales (1).

Les chiens se corrompent mutuellement : dans la ferme de Irissaria, il y avait un fort beau chien doux, sage, bon gardien, que ses maîtres aimaient et qu'ils traitaient amicalement. Un jour, arrivèrent deux grands chiens qui l'accostèrent, lui parlèrent en leur langage, lui firent flairer et lécher leurs babines et lui persuadèrent de s'en aller avec eux. Quelques heures après, le chien était de retour ; mais les visites des deux amis se renouvelèrent et les absences du gardien se multiplièrent. Des allures si mystérieuses inquiétèrent le maître, qui ne tarda pas à acquérir la certitude que son chien exerçait d'affreux carnages dans les troupeaux, en compagnie de ses pervers camarades. Sa mort fut décrétée. Après l'exécution, on enfouit son cadavre dans la terre. Or, dès le lendemain, les assassins venaient relancer leur complice, le cherchaient partout et se mirent à gratter la fosse jusqu'à ce qu'ils eussent découvert les restes de celui dont ils avaient occasionné la condamnation et la mort. Grande leçon ! que de gens acceptent sans discernement les camaraderies !

(1) Fait divers de l'Escual Herria.

Que ceux-là veuillent bien méditer sur le sort du chien de Irissaria et apprennent qu'à tout âge, car il en va de même chez les hommes comme chez les enfants, on se perd par la mauvaise compagnie.

Quoique le chien soit sans aucun doute un vieil hôte du Basque, rien ne fait supposer qu'il soit arrivé avec son peuple, des régions primitives. C'est à une époque relativement récente que nous le voyons mentionner comme un ami accoutumé et inséparable, dans un chant que bien des basquisants rejettent même comme complètement apocryphe, le chant d'Altabiscar. Ce chant célèbre la déroute de Roncevaux, lorsque l'armée de Carloman, après la mort du paladin Roland, prend la fuite et s'engage dans les défilés d'Altabiscar, au-dessus de Saint-Jean-pied de-Port où elle succombe, écrasée par les rochers que les Basques lancent du haut de la montagne. « Un cri s'est élevé du milieu des montagnes des Basques, dit le chant d'Altabiscar ; et l'Etcheco Jauna (le maître de maison) debout devant sa porte, a ouvert l'oreille et il a dit : Qui est là ? que me veut-on ? Et le chien qui dormait aux pieds de son maître s'est levé et a rempli les environs d'Altabiscar de ses aboiements. »

La même race sert de chien de garde et de chien de berger. Les vallées espagnoles, dans la haute montagne, ont conservé la race la plus pure et la plus belle. Dans les vallées basques françaises, l'espèce s'est malheureusement abâtardie. Un beau chien vaut de 50 à 60 francs.

On enterre le chien, nous venons de le dire. Le chat n'a pas le privilège de la sépulture honorable : on se garde de tuer le chat à la maison, parce que cela porte malheur, on l'emporte à la rivière et on le noie. Le chat, en pays basque, n'est pas une bête intéressante, on ne l'aime pas, il est livré à lui-même au point de devenir tout à fait sauvage ; on le garde comme un mal nécessaire, à cause des rats et des souris. Son éducation négligée l'a rendu aussi voleur que sournois. Il a noté les heures où les ménagères du voisinage sont occupées, il pénètre furtivement dans les cuisines, se régale des provisions de l'armoire et du lait de la jatte. On ne saurait croire l'habileté qu'il déploie pour éviter d'être vu et s'échapper à point. On faisait autrefois du chat la victime de jeux cruels, on l'enfilait au bout d'une fourche et on le faisait brûler vif dans les charivaris que l'on organisait pour se moquer des gens qui se remarient. On accompagnait les hurlements de la malheureuse bête par le bruit de ferraille, par les sons discordants de cruches de terre qu'on appelle *elseorua*. On obtient ces sons en remplaçant le fond de la cruche par une peau de tambour. Une corde passe à travers la peau et sort par le haut de la cruche. En imprimant un mouvement de va-et-vient à la corde, on imite le mugissement des bœufs. Le chat jouit d'une mauvaise réputation, on le croit plus ou moins en relation avec les sorcières. Ces actes révoltants d'une horrible cruauté sont les vestiges de croyances absurdes. Au XVII siècle avaient lieu dans le pays basque, de nombreux procès en

sorcellerie ; on affirmait sous serment avoir vu les
chats courir au sabbat et le chat est resté la bête
suspecte qu'on a le droit de martyriser.

Rappelons-nous combien nous sommes heureux
d'être affranchis de ces dégradantes superstitions.
Le chat est digne de notre affection, comme le chien;
le faire souffrir est abominable et révoltant. « Celui
qui te donna un corps mortel, n'a pas créé le mys-
tère de la vie pour en faire le jouet des hommes sans
pitié », s'écriait le poète Southey, parlant de la mort
de son épagneul favori, compagnon de son enfance.
Accordons une place également honorable au foyer
à ces deux véritables amis, le chat et le chien qu'une
bonne éducation peut développer et civiliser au point
de les élever jusqu'à nous. Sous beaucoup de rapports, de quoi ne sont-ils pas capables en fait de
bonté, de discernement et d'intelligence ? Parfois
on découvre chez eux des merveilles, pour peu que
l'on cherche à comprendre et à se rendre compte des
motifs de leurs actes.

Il y a un autre animal aussi merveilleux pour son
discernement que le chat et le chien : c'est le porc
auquel personne ne songe à rendre hommage parce
qu'on ne le connaît pas. Avec plus d'attention, plus
de justice à son égard, on découvrirait peut-être que,
pour la sage conduite de ses affaires, il ne le cède
en rien aux autres bêtes de la ferme, dont nous
avons parlé jusqu'à présent. Qui sait s'il ne leur
dame pas le pion à tous ! Il fallait parler à Betsy,
belle truie de la race du yorkshire, en anglais,
puisqu'elle avait entendu exclusivement cette langue

pendant toute son enfance ; elle comprenait à merveille, elle était affectueuse et reconnaissante, venait en courant, dès qu'elle entendait prononcer son nom, caressante, joyeuse d'être appelée, elle connaissait son maître et le suivait, aussi fidèle qu'un chien. Pauvre Betsy ! L'éducation qu'elle avait reçue en avait fait une personne policée, chez qui il ne restait presque plus trace de la grossièreté qui inspire pour ses vulgaires congénères un mépris général.

Nous parlons des hôtes de la maison basque. Passer sous silence par une sorte de respect humain mal compris, le porc, cet animal qui tient une si grande place dans la famille, serait un crime de lèse-couleur locale ! Et il faut le dire sans vergogne, le porc c'est le roi du pays basque et le roi par droit de conquête.

Récemment importé d'Outre-Manche, il a conservé les allures insolentes des touristes de l'agence Cook. Tout rose et appétissant sous son épiderme fraîche. il se passe toutes ses fantaisies ; on les lui pardonne pourvu qu'il engraisse. Il tranforme les rues en un cloaque (1). il y est chez lui, personne ne songerait à porter plainte contre ses écarts de conduite : il flâne en grognant de la porte du maire à celle du percepteur ; il nargue la maréchaussée, le milieu de la rue lui est bon pour dormir, les voitures se détournent plutôt que de l'obliger à se lever, tant il est l'objet d'une bienveillance universelle, lorsqu'il pro-

(1) Nous parlons d'il y a 30 ans ; les automobiles écraseuses ont fait rentrer les porcs à la porcherie, en général, du moins, sinon toujours.

longe ses promenades sur les routes, les bons gendarmes veillent. Il est arrivé à maître porc d'être
emmené par des mécréants, toute une aventure de
brigands espagnols : les gendarmes se mobilisent à
sa recherche ; ils le rattrapent sur la frontière et le
rendent à son maître, tandis que les voleurs sont
châtiés de plusieurs mois de prison et payent de
fortes amendes. Lorsqu'aucune méchante aventure
ne lui arrive, notre ami est très ponctuel ; le soir,
à l'heure dite, il regagne ses pénates où une soupe
succulente lui est préparée et servie.

Son auge est quelquefois placée dans le corridor
de la maison, dont les pauvres paysans souffrent
qu'il fasse une porcherie ; après la soupe vient le
dessert qu'il va chercher à la cuisine. D'un coup de
son groin il ouvre la porte et dispute aux enfants le
pain qu'ils ont dans la main. Il y a quelque fois trois
et quatre porcs dans la cuisine. Il se fourre partout,
il sait où est serré le grain, il soulève le couvercle
du coffre à maïs. On lui pardonne cette frasque
comme les autres, la maîtresse ne songe pas à le
morigéner, cela pourrait contrarier sa digestion et le
faire maigrir. Or, elle seule est responsable du bel
état de santé et de l'embonpoint de son pension-
naire ; son mari n'a pas l'habitude de s'occuper d'un
animal pour lequel il professe un suprême mépris ;
ce serait déroger. Cependant on vient le prévenir si
le porc est malade et il a recours au forgeron qui
saigne l'animal.

Il y a une vingtaine d'années, dans de petites villes
comme Saint-Palais, où le vagabondage des porcs

est considéré comme un délit, un jeune garçon, dès
l'aube, sonnait du cor par les rues. Réveillée par ces
joyeux appels, la gente porcine se secouait aussitôt
les oreilles et arrivait au petit galop sur la place,
autour de l'enfant prodigue. De compagnie, on s'en
allait, les mères et les enfants, les célibataires et les
époux, chercher le frais sous les ombrages d'une
futaie. On trouvait de l'herbe, un clair ruisseau, des
glands, des racines, des légumineuses de choix.
C'était un vrai jardin des Tuileries pour cette jeunesse. On y goûtait de doux plaisirs jusqu'au soir
où l'on s'en retournait comme on était venu. A
l'entrée de la ville, le troupeau se dispersait librement (1). Sans perdre le temps en de vains bavardages, chacun rentrait chez soi. Certains voyageurs
ont raconté qu'en Chine il y a des porcheries
sacrées où l'on entretient des porcs sacrés. Il est
permis de mettre en doute que les Chinois, pour
tout sacrés qu'on les tienne, coulent d'aussi beaux
jours que nos profanes basques. Mais, hélas! à
chaque porc, vient la Saint-Martin, et il n'y a plus
de félicité qui vaille lorsque la Parque a aiguisé ses
ciseaux. Les heures de celui qu'on se plaisait à
appeler « le noble » sont comptées ; il a été l'espoir
de la famille : il a reçu avec profusion le grain et la

(1) Le porc exclu de la rue à Paris, il y a 800 ans, perdit
alors le droit de circuler dans la capitale. Ce fut Louis le
Gros qui lui enleva cette liberté en 1131, parce qu'un maladroit porc s'était jeté entre les jambes du cheval de son fils,
Philippe, qui fut désarçonné et mourut de sa chute le lendemain. Les porcs de l'Abbaye Saint-Antoine échappèrent seuls à
cette interdiction, mais ils durent porter une sonnette au cou.

farine. On lui demande de tenir ses promesses et de prouver qu'il est porc d'honneur et de parole.

Ironie de la destinée! Ce jour de deuil est un jour de fête. Les voisins accourent et se mettent à quatre pour le tenir. Les cris les plus déchirants n'émeuvent plus sa maîtresse qui se montre sans cœur et en a déjà l'eau à la bouche. Avec ses amies, elle prépare un bon feu en plein air et le chaudron d'eau bouillante. Lorsque les lugubres préparatifs sont achevés, le sacrificateur, que son auguste fonction rend grave, se plante droit face à face avec sa victime; il se découvre, fait un grand signe de croix, puis d'une main assurée il plonge son couteau dans la gorge... C'en est fait; il est par terre, le roi qui fut si choyé; on le contemple, on lui trouve bonne odeur. On dit et c'est son oraison funèbre : « Qu'il est gras ! »

Aussitôt les femmes se mettent à la besogne et pendant trois jours elles coupent, et taillent, et fondent et salent...

Le jour de la mort, les complices sont conviés à un repas dont le foie, qui passe pour le plus fin morceau, fait les frais. La fête se prolonge plusieurs jours et le Basque se plaît à dire en son langage que « la semaine où l'on a tué le porc et l'année où l'on s'est marié, sont les temps les plus heureux de l'existence ».

Aux personnes délicates que froisserait l'usage du signe de la croix au moment de la mort d'un animal, faisons observer qu'il n'y a pas lieu de se récrier et d'être surpris outre mesure. Le trait est bien plus

généralement humain que particulièrement basque :
l'Ethiopien, par exemple, en chasse, lorsqu'un
gibier tombe, se précipite et se hâte de trancher le
cou, au nom du Père, du Fils et du Saint-Esprit.

Il n'y a aucune intention de profaner les choses
saintes par de semblables coutumes ; il y a un sentiment simple et naturel que la crainte de la mort
met au cœur de l'homme : il y a une angoisse, qu'il
faudrait être mille fois pire que la brute pour ne
pas éprouver, une terreur inséparable de l'instant
où l'on va supprimer cette force mystérieuse qui
s'appelle la vie.

Pourquoi s'étonnerait-on ? Le respect instinctif
qu'éprouvent ces gens devant la mort de la bête n'est
pas en opposition avec la foi des chrétiens : ce respect s'accorde avec ce que la Bible dit du règne animal. L'Écriture enseigne qu'un même souffle anime
l'homme et la bête et que toutes les créatures ensemble soupirent après la délivrance. Dans les premiers
chapitres de la Genèse, on lit que c'est pour toutes
les créatures que l'arc de l'alliance éternelle, sans
exception, est venu jeter sur les nuées du ciel ses
suaves reflets, et les beaux psaumes de David d'où
l'on sent rayonner sur l'univers une flamme divine
de louanges, s'expriment avec une netteté d'intention
qui ne laisse pas de place au doute. « Louez l'Éternel,
vous tous, Rois de la terre et tous les peuples, gros
poissons, bêtes sauvages et tout le bétail, reptiles et
oiseaux qui avez des ailes, louez-le tous. »

Cette connaissance du « même sang » est une
grande joie pour le cœur qui a besoin d'aimer sans

limites. Il est doux de pouvoir donner une place
dans ses affections à la créature inférieure; aux
fidèles compagnons que Dieu a permis que nous
puissions associer à notre vie et nous efforcer, dans
une grande et légitime mesure, de rendre heureux et
meilleurs.

Quelle délicieuse page que celle où Jocelyn, soli-
taire et désolé, s'adresse à son chien :

— O mon chien ! Dieu seul sait la distance entre nous.
Seul il sait quel degré de l'échelle de l'Être
Sépare ton instinct de l'âme de ton maître ;
Mais seul Il sait aussi par quel secret rapport
Tu vis de son regard et tu meurs de sa mort
Et par quelle pitié pour nos cœurs, il te donne
D'aimer encore, ceux que n'aime plus personne.

. . . .
. . . .

Ah ! mon pauvre Fido, quand tes yeux sur les miens,
Ton silence comprend nos muets entretiens ;
Quand au bord de mon lit, épiant si je veille,
Un seul souffle inégal de mon sein te réveille ;
Que lisant ma tristesse en mes yeux obscurcis
Dans les plis de mon front tu cherches mes soucis
Et que pour la distraire, attirant ma pensée,
Tu mors plus tendrement ma main vers toi baissée
Que, comme un clair miroir, ma joie ou mon chagrin
Rend ton œil fraternel inquiet ou serein
Que l'âme en toi se lève avec tant d'évidence
Et que l'amour en toi passe l'intelligence.

. . . .

Cette fraternité que chante le poète, cette bonté à l'égard de la bête que Dieu veut mettre au cœur des hommes, répandent dans les mœurs une douceur dont bénéficie nécessairement toute la civilisation d'une société. Ces dispositions de bienveillance ne sont pas naturelles à l'âme humaine ; on ne les reçoit pas de naissance. Ce sont des victoires sur les instincts sauvages, sur l'égoïsme et l'impitoyable cruauté de la foule. Elles s'apprennent comme toutes les bonnes choses et il faut se donner la peine de les inculquer aux enfants. N'oublions pas que cette belle doctrine « d'un même souffle » réprouve des jeux cruels comme le martyre d'un chat, les combats de dogues, les courses de taureaux et tant d'autres divertissements d'une perversion idiote : c'est la condamnation de pratiques telles que la vivisection lorsque la vivisection n'est pas absolument légitimée par les recherches de la science. Nous serons d'autant meilleurs que nous croirons à l'égalité originelle de toutes les créatures devant le Maître suprême de la vie et d'autant plus heureux que nous éprouverons un plus grand respect de l'Être. Voilà quelques-unes des réflexions que nous ont fait faire, grâce au secours et au commentaire de Jocelyn, le Basque et son signe de croix. Qu'on nous pardonne cette digression un peu longue.

Le Basque, nous l'avons dit, n'est pas brutal pour ses bêtes : il leur demande du travail et des profits : il est généralement peu sensible aux sentiments affectueux de bonne camaraderie, et on note chez lui sous ce rapport une dissemblance réelle avec d'autres populations agricoles de la France où, entre gens et bêtes, on se traite en associés, en amis, où l'on se sent les coudes, étant étroitement solidaires les uns des autres. Cette intimité est naturelle, puisqu'en dernière analyse, il faut en venir à souffrir ensemble : « misère pour les maîtres, misère pour les bêtes, » ou à jouir ensemble : « abondance pour les bêtes, richesse pour les maîtres. »

L'indifférence des Basques nous frappe d'autant plus que nous savons la grande place que les animaux domestiques tiennent et ont toujours tenus chez toutes les nations du globe. Chez les Orientaux, par exemple, l'Arabe partage l'abri de sa tente avec son cheval et lui dédie ses inspirations poétiques. Dans l'Inde, le respect de la vie poussée jusqu'aux infiniment petits, a inspiré la doctrine des bouddhistes : chez les anciens Grecs, nous aimons à nous rappeler le pied de réelle intimité sur lequel soldats, laboureurs, princes et rois vivaient avec les bêtes. Cette intimité avait enrichi la langue et la littérature des comparaisons les plus nobles, des expressions les plus imagées et les plus captivantes. Combien nous aimons la bonne reine « aux yeux de vache ». Malgré l'éloignement des siècles, l'image reste vivante et nous parle au point de nous émouvoir. Nous pleurons sur la triste Niobé « aux yeux de chienne », car nous avons tous rencontré, un jour, le regard suppliant levé sur nous : nous connaissons cet œil profondément mélancolique qui nous implorait, dans une heure de détresse, et nous transperçait de pitié. L'artifice de la comparaison fait de nous les contemporains, les témoins de la douloureuse tragédie. Dans Homère. Hector. Antiloque, Achille, conversent avec leurs chevaux et les écoutent. Dans Esope, comme chez les Persans, quelle connaissance de la bête. quel intérêt. quel plaisir nous trouvons à de si vives et exactes peintures. Dans la Bible, de belles et fortes images sont empruntées au règne animal. Cette mine de richesse a été exploitée par les auteurs sacrés de la façon la plus merveilleuse. Ils y ont puisé de l'or et des perles. Le lapin, la fourmi. la sauterelle, le cheval, le lièvre, l'aigle, la colombe entrent en scène et la connaissance approfondie du caractère, la justesse avec laquelle le rôle de ces animaux est développé, apportent à l'esprit les notions les plus lumineuses, les plus frappantes, les plus durables. Dans la Bible, il y a du reste plus que des comparaisons au profit des bêtes, puisqu'on y trouve de hautes, de sublimes révélations sur l'essence de la Vie.

Chez tous les peuples, à toutes les époques, les récits populaires, les fables, les proverbes, les dictons ont reconnu aux bêtes un don spécial pour instruire et amuser les hommes. Les bêtes, il faut l'avouer, se sont montrées à hauteur de leur mission et ce dont nous leur devons une gratitude infinie, c'est qu'elles ont su éviter le piège de rendre la vertu ennuyeuse.

Les Basques ont des légendes, des proverbes, des dictons, des sortes de jeux de devinettes fort répandus parmi eux : les bêtes n'en sont pas tout à fait exclues, mais elles y jouent un rôle moindre, un rôle effacé et lorsqu'entre en scène un compère renard, plein d'astuce, une fourmi industrieuse, eh bien ! cela ne sent plus son Basque ; on y devine des réminiscences du roi Salomon, des emprunts que l'auteur a faits au bon La Fontaine.

Dans le recueil des Proverbes d'Oihénart, que nous avons eu l'occasion de citer plusieurs fois, nous trouvons une allusion au temps où les oiseaux parlaient : « Le conte de vieille porte que jadis, au temps où les oiseaux parlaient, un oiseau, en hiver, étant tout gelé de froid, aborda un nid et l'ayant trouvé occupé par un autre oiseau, désirant l'en faire sortir, il voulut lui persuader que le soleil était bien chaud en la montagne de Orhi. Mais l'autre, connaissant la fourbe, lui répartit qu'il ne faisait que d'en venir et qu'il savait quel temps il y faisait. — Le soleil est bien chaud à Orhi ! — « J'y ai esté et ne fais qu'en venir. » Orhi est le nom d'une haute montagne dans les Pyrénées, laquelle est presque toujours couverte de neige. Or, le passage que nous avons relevé ci-dessus, est une annotation de l'éditeur qui avoue, avec ingénuité, que c'est « un ajoustement au texte basque, pour plus ample explication d'iceluy ! » La note n'est certainement pas marquée au coin de l'imagination basque.

Cependant nous avons trouvé quelquefois chez d'anciens paysans des réminiscences du temps *quand les animaux savaient parler*. Nous aurons l'occasion de revenir sur ce point à propos du renard.

Les vieilles chansons nationales empruntent des

images, comme l'oiseau en cage, comme la colombe qui gémit. Mais selon l'observation que nous en a faite un Basque, homme de goût et instruit des tournures d'esprit de ses compatriotes, les images qu'emploie le poète, l'oiseau, la colombe, ne mettent pas en action ces bêtes elles-mêmes ; ce sont de gracieux emblèmes dont l'auteur se sert pour dissimuler d'une façon discrète l'amie, la personne dont elle veut célébrer les charmes.

Les rares fragments de littérature basque que l'on possède, d'une antiquité plus ou moins controversée, sont en général pauvres au point de vue animalesque. Celui qui occupe la scène, c'est l'homme et toujours l'homme. Dans les quelques vers que l'on a conservés du chant intitulé *La bataille de Béotibar*, il n'est question que de l'homme. Dans le chant d'*Altabiscar*, nous avons vu apparaître, dans une strophe, le chien aux côtés de son maître. Le reste du morceau est tout consacré à l'homme. Dans les deux chants en l'honneur du vicomte de Belzunce et du comte d'Estaing, l'absence complète de la plus lointaine allusion à un animal quelconque frappe extrêmement quand on a fait porter son étude sur ce côté spécial de la littérature.

Dans les légendes, la même constatation doit étonner encore davantage, car nous savons la place prépondérante que les bêtes tiennent chez toutes les autres nations lorsqu'il s'agit de traditions populaires et de superstitions. Partout, ce ne sont que loups garous, apparitions fantastiques d'hydres, de serpents, de chiens isolés et en meute, de chevaux

qui traversent les nues, et cela à toutes les époques,
depuis l'antiquité la plus reculée jusqu'à nos jours
et sous les cieux les plus divers ; depuis les peuplades
des zones torrides jusqu'aux nations vouées aux
neiges et aux glaces. Il en est de même pour les
superstitions, les croyances, les religions « fétiches »
généralement répandues à travers le globe, dont
on retrouve des traces encore de nos jours chez les
Fidgiens, chez les Peaux-Rouges, dans l'Inde et
chez les Mongols.

Légendes et superstitions chez les Basques sont
extrêmement anthropomorphes. Les bergers basques redoutent un être fantastique qui est un
homme sauvage et ils reconnaissent l'existence
d'une femme sauvage : Basa-Yauna et Basa-Andé-
ria, qu'ils décrivent sous une forme humaine ; qu'ils
redoutent à cause de leur méchanceté et de leur
force musculaire.

Il est permis de supposer que cette forme anthropomorphe de la superstition prend son origine dans
les antiques souvenirs que la population a conservés
des hommes exclus de la société à cause de leurs
crimes, d'outlaws, de parias, peut-être de troglo-
dytes, habitants sauvages primitifs des Pyrénées,
que l'immigration des Basques a dépossédés de
leurs repaires et a refoulés plus avant dans les
forêts, vers les hautes cimes. Encore aujourd'hui,
on croit voir le Basa-Yauna, on l'entend, on souffre
par lui, et l'on tremble à l'idée de sa rencontre.

Une autre forme anthropomorphe de la légende
du Basque, c'est le petit peuple de nains, les Lami-

nacs, réminiscence peut-être des Génies de Rome, des « Lamiæ » ! Ou bien explication enfantine du bruit sourd que le berger entendait dans les profondeurs du sol pendant qu'il gardait son troupeau dans la montagne. Les mines de cuivre et de fer ont été exploitées dans les Pyrénées dès les temps préhistoriques, puis à l'époque des Romains, et à travers tout le Moyen Age. Les mineurs invisibles, cachés au sein de la terre, frappaient dans les entrailles de la roche pour en extraire le minerai. Le berger croyait alors entendre bourdonner le peuple actif des laminacs. Ces génies demeurent sous terre, dans les grottes, dans les galeries des mines : ils sortent le soir pour venir s'ébattre dans les prairies au clair de la lune : ils entrent en relation avec les laboureurs, avec les ouvriers, avec les ménagères. Ils aident les uns, ils contrarient les autres ; ils sont de capricieuse humeur, il faut se méfier de leurs méchants tours. Le chant du coq le matin les met en fuite. Tous portent un nom d'homme toujours le même, un nom de baptême, celui de *Guilhem*.

Les gens d'Espès disent que les Laminacs ont bâti l'église de leur village en une seule nuit : les laminacs se passaient les pierres l'un à l'autre et ils disaient : « Tiens, Guilhem ! — Prends, Guilhem ! — Voilà, Guilhem ». Ils étaient douze mille, et ils s'appelaient tous Guilhem. Mais pour avoir travaillé précipitamment, ils firent le mur penchant sur la route, comme tout le monde le voit encore aujourd'hui.

Le Basa-Yauna, lui, dans les légendes porte le

nom d'Ancho. Autrefois, il y avait à Estérençubi, sur la frontière d'Espagne, quatre vachers desquels était un jeune garçon. Lorsqu'ils étaient endormis dans leur cabane, venait se chauffer *Ancho*, le Seigneur sauvage (Basa–Yauna). Et quand il s'était chauffé, il mangeait leur nourriture. Les bergers recevaient un pain et d'autres mets et en laissaient tous les soirs la part à Ancho

« Une nuit, voyant que la part n'avait pas été faite, le petit garçon dit : « Où avez-vous mis la part d'Ancho ? Donne-lui la tienne, si tu veux », lui répondirent les autres. Le garçon laissa sa part sur la planche habituelle. Le Seigneur sauvage arriva comme à l'ordinaire. Après s'être chauffé, il mangea la part du petit garçon. Bien réchauffé et repu, il partit, emportant les vêtements des vachers, sauf ceux du petit garçon.

« Cette nuit-là il neigea très fort. Le lendemain matin, les vachers ne trouvant pas leurs vêtements, dirent au garçon : « Va nous chercher nos vêtements. — Moi ? non. — Va, nous t'en prions. — Quelle récompense me donnerez-vous ? Ils avaient une mauvaise génisse et la lui promirent. « Le garçon partit, et en arrivant à la citerne où était le Seigneur sauvage, il cria : « Ancho, donnez-moi les vêtements de mes camarades. — Tu ne les auras pas. — Je vous en prie, donnez-les moi ; ils m'ont envoyé les chercher. — Que te donne-t-on pour ta peine ? — Une mauvaise génisse. — Prends-la donc et prends aussi cette baguette de coudrier. Marque ta génisse et donne-lui cent et un coups, le cent et unième plus fort que les autres ». Le garçon fit ce qu'Ancho avait dit. Il donna à sa génisse cent et un coups, le cent et unième plus fort que les autres, et après un court espace de temps, la génisse lui produisit un troupeau de cent et une belles têtes.

« A cette époque, les Seigneurs sauvages conversaient avec les chrétiens. »

Les autres légendes basques, assez nombreuses où Ancho et les Guilhem sont en scène ont toutes le même caractère anthropomorphe.

Anthropomorphe aussi le Mamou, cet épouvantail à face humaine dont on terrorise les enfants, dont nous avons déjà parlé.

La famine, la misère est également personnifiée sous l'allégorie d'un homme. Pétiri Sant est un fanfaron qui cherche à se marier avec une des jeunes filles des nombreux villages par lesquels il passe. Il ne fait que passer, car on le renvoie par ironie d'un village à l'autre. Partout les jeunes filles l'éconduisent. En dernier lieu, les habitants d'Ixtasou lui disent :

« Pétiri Sant, mon frère, tu n'es autre que la Misère.
J'ai appris depuis longtemps que Saint-Pé est ta rési-
[dence.]
Oui, et aussi aux habitants, tu imposes maints tour-
[ments]
En multipliant leurs jeûnes au-delà des jours
[d'obligation. »]

Dans une autre satire, la jeunesse, qui aime le « travail tout fait », est compagne de Pétiri Sant.

Les paresseux, les amateurs du beau sexe sont les parents de Pétiri Sant.

Une autre particularité anthropomorphe, très frappante chez les Basques, ce sont leurs noms de famille. Cette particularité étonne d'autant plus qu'on sait que chez tous les peuples primitifs, les noms de famille portent la marque d'une origine fétiche, car on peut affirmer que le fétichisme a été d'une manière universelle une des premières manifestations de l'instinct religieux, une phase primitive du développement des peuples à l'époque de leur enfance. On a des preuves multipliées de l'existence du fétichisme dans l'antiquité et d'une manière universelle chez toutes les nations. Le culte des animaux était en usage chez les Egyptiens, en Afrique, en Asie : c'est un de ces faits que tout le monde admet sans discussion. De nos jours, ce culte bizarre est encore pratiqué par les peuples aborigènes d'Australie, de Fidji, etc., etc.

Chez ces dernières tribus comme chez les autochtones de l'Hymalaya, aux environs de Cachemyre, chez les Fuégiens, chez les Peaux-Rouges, le fétichisme a marqué de son empreinte les noms des tribus, des familles et des individus. Ces gens-là prenaient et prennent les noms d'animaux communs dans les districts qu'ils habitent. L'animal qui leur donne son nom a été, à l'origine, le dieu lui-même ; puis il est devenu un ami, un protecteur, une incarnation de la divinité, un *grand ancêtre* : toute la faune y a passé : le loup, l'ours, le renard, le requin, le crabe, la tortue, le serpent, le lion, le chien. La légende fait naître les Kirghis d'un lévrier roux.

Une scène, merveilleusement racontée par Féni- more Cooper dans le *Dernier des Mohicans*, fait admirablement comprendre les superstitions féti- chistes et les mœurs qui en sont les conséquences. Il nous montre un Peau-Rouge, un Castor de la tribu des Castors, qui vient à passer devant une colonie de vrais castors. Le Castor s'arrête pour adresser la parole à ses parents ; s'il avait omis cette formalité, il aurait commis une grave inconve- nance, une profanation. Cet homme ne pouvait passer devant une république si puissante de ses ancêtres sans leur accorder une preuve de respect. Il fit halte et leur parla sur le même ton de bienveil- lance et d'amitié que s'il s'était adressé à des êtres intelligents : il les traita de « cousins » et conclut en suppliant ces animaux de répandre sur sa tribu une partie de la sagesse qui fait leur grande répu- tation.

Chez le Basques, nous constatons qu'il n'y a plus que de rares vestiges de ces anciennes croyances. On nous a cité quelques familles seulement qui por- tent un nom d'animal. L'une d'entre elles s'appelle « Choribit », Oiseau, et l'autre appartient à l'ancienne et noble souche des « Belzunce », c'est-à dire Hibou noir. L'archevêque de Marseille, que son dévouement pendant l'épidémie de peste en 1720 a rendu illustre, était un Belzunce. Ainsi, peu de traces dans les noms des familles d'une origine fétichiste.

Ne peut-on pas attribuer la formation des noms

de familles basques à une cause très naturelle, très logique? Ce qui détermine le nom, chez l'Euscarien c'est d'une manière constante, la situation du lieu où s'élève la maison, l'espèce de végétation qui l'entoure : les eaux, sources, fontaines, ruisseaux qui l'avoisinent. On est Monsieur « de la Coudraye », « Sous le chêne », « près du pommier », « au pied de la source », « à la tête de la montagne », « de l'endroit rocailleux », du chemin de la fontaine : de la maison neuve. « de la lande », « près de l'église » etc., etc. Faut-il supposer que ces appellations sont la conséquence de l'état primitif migrateur du peuple basque? Chassées de leur sol natal à la suite d'un cataclysme dont le souvenir est devenu confus dans les traditions humaines. ou expulsées brutalement par des envahisseurs, ces antiques tribus ont erré à travers le monde et lorsqu'à la fin, à la faveur des circonstances, elles ont pu faire halte et se fixer dans les régions pyrénéennes, dans des cantons qu'aucun autre peuple ne leur disputait, ce sont les sites eux-mêmes où les émigrants s'arrêtèrent, où ils élevèrent une première hutte, qui leur fournirent des noms. Le nom d'abord était celui de l'établissement. que l'on venait de fonder, puis, par extension, par l'usage, la famille s'est désignée du même nom que sa demeure.

Sous l'abri primitif qu'ils avaient édifié à la hâte, les nouveaux habitants des contreforts pyrénéens ont songé à une installation plus durable. La hutte est devenue une masure, et la masure une maison. A mesure qu'ils s'initiaient à la culture de la terre,

qu'ils entreprenaient des travaux, ils durent s'appro-
prier les animaux que les nations voisines possédaient et dont celles-ci savaient tirer parti : les espèces
qu'ils introduisirent, nouvelles venues chez eux et par
suite, races étrangères, arrivaient à une époque trop
tardive pour que des traditions animalesques aient
pu prendre naissance, et l'empreinte caractéristique
qu'une longue et antique cohabitation avec les bêtes
a laissée chez les autres nations, a fait défaut dans
une grande mesure chez les Basques. Culte, légendes,
superstitions fétiches, apologues, proverbes, littérature animalesques, rien de tout cela ne se retrouve
ici avec la netteté que présentent les traditions des
autres peuples. Avant l'époque où ils se sont enfuis,
s'échappant de la mystérieuse catastrophe, de telles
traditions existaient-elles parmi eux ? Possédaient-
ils des races domestiques particulières à leurs contrées ? Autant de questions auxquelles il est difficile
de répondre. Si la tradition existait auparavant, elle
a été en partie effacée, elle s'est atténuée pendant la
période des tribulations que le peuple a sans doute
traversée, et si les Basques primitifs possédaient des
races d'animaux domestiques qui leur fussent particulières, ces races ont disparues et aujourd'hui les
bêtes qu'abritent leurs fermes sont les mêmes que
chez leurs voisins de la Gascogne et de l'Espagne.

Dans cette rupture du lien de la tradition, il faut
noter des exceptions. Ainsi l'abeille est traitée par
les Basques et par leurs voisins du Béarn avec
considération : on l'entoure de singulières prove-
nances : on a pour elle d'étranges ménagements.

D'où cela vient-il ? On prend grand soin des ruches, on est persuadé que si l'on manque d'égards vis-à-vis des abeilles, celles-ci s'en vont. Leur départ est un malheur, un signe de mauvais augure. On regarde leur présence dans une ferme comme un porte-bonheur. Lorsqu'on s'approche des abeilles, on leur parle. On les appelle « Mesdemoiselles Belles et Bonnes » ; on leur dit qu'elles sont gentilles ; s'il survient un événement dans la maison, une naissance, un mariage, une mort, on se hâte de le leur annoncer. Jamais on ne ferait mal à une abeille, jamais un voleur n'oserait porter la main sur une ruche ; ce ne serait rien moins qu'un sacrilège. Jamais il ne faut dire le nombre de ses ruches, sous peine d'être frappé par le malheur (1).

Il y a un an vint à mourir une basquaise dont le rucher était considérable, car elle laissait ses ruches se multiplier et n'en retirait jamais le miel. Le juge de paix fut chargé par la famille d'aller annoncer aux abeilles la mort de leur maîtresse. Il s'acquitta de son message en termes affectueux, dans les formes de politesse requises pour témoigner son respect. Il est bien avéré que le petit peuple ailé s'en va et ne revient plus si on ne le prévient pas des changements qui surviennent dans la maison et si

(1) M. Wentworth Webster avait bien voulu nous écrire qu'en Angleterre, on traitait autrefois, même encore dans sa jeunesse, les abeilles exactement de la même façon. On leur apportait toutes les nouvelles de la maison. Une jeune fille annonçait ses fiançailles aux abeilles d'abord, et on leur communiquait toujours les morts survenues dans la famille.

on ne conserve pas à son égard une politesse dont il puisse se sentir flatté.

Retrouvons-nous dans cette singulière coutume un vestige des anciennes croyances, des idées religieuses de certaines provinces du Danube, de la Grèce et de l'Asie-Mineure, où l'abeille n'était rien moins qu'un insecte sacré auquel on rendait un culte? Il y a cependant une dissemblance, car là où l'abeille était adorée, les tribus, les individus portaient le nom de l'Abeille, comme chez les Peaux-Rouges il y a des Castors, des Ours et des Loups ; il n'en va pas ainsi chez les Basques. En Grèce, les médailles dont on a conservé des modèles, étaient frappées avec l'emblème sacré qui était une abeille, et nous ne savons pas qu'on ait attribué jamais ce même emblème aux Basques. Au témoignage de Philostrate, quand les Athéniens envoyèrent leurs premières colonies en Ionie, les Muses sous forme d'abeilles, servirent de guides aux émigrants. Sur les monnaies d'Éphèse, on voyait une abeille. Hérodote rapporte que tout le nord du Danube était occupé par *des Abeilles*, c'est-à-dire par des tribus vouées au culte de l'abeille. Ce sont encore les Abeilles qui élèvent Jupiter sur le mont Ida. La restauration du temple de Delphes est attribuée aux Abeilles. Il y avait donc des tribus, des associations qui portaient le nom d'Abeilles, lesquelles étaient répandues sur une vaste surface de pays. (P.-F. Mac Lennan, *Fortnightly Review*, traduction de la *Revue Britanique*, 1870).

Faut-il rattacher à quelque vestige d'un culte primitif de l'abeille, une légende basque dont le caractère n'est pas anthropomorphe comme les autres légendes et qui semble s'inspirer de quelque lointaine croyance fétiche? Nous soumettons le problème à l'appréciation des basquisants.

La légende est reproduite dans le *Bulletin* de la Société des Sciences, Lettres et Arts de Pau, sous le titre des *Mouches de Mendiondo*.

« Le maître de la maison de Mendiondo était un grand fainéant et pourtant la besogne était toujours plus vite terminée chez lui que chez ses voisins. En une seule heure, dès le matin, la prairie au-dessous de la maison se trouva fauchée. Un dimanche, pendant la messe, fut scié tout le froment d'un champ.

» Les voisins étaient fort étonnés, parce qu'ils ne voyaient jamais chez lui aucun ouvrier. Sa femme aussi se méfiait.

» Or, un dimanche, avant de se rendre à la messe, elle vit de loin son mari cacher quelque chose dans les broussailles. Elle y alla, curieuse de savoir ce qu'il y avait mis et y trouva un étui. Elle l'ouvrit et il en sortit dix mouches.

» Les mouches voltigent devant ses yeux, à ses oreilles et bourdonnent : *Cer eguin, cer eguin, cer eguin* (Quoi faire? quoi faire? quoi faire?)

» Épouvantée, la femme leur dit : « Rentrez bien vite dans le trou ». Les mouches aussitôt rentrent dans l'étui.

» La femme le ferma et le remit en place.

» Elle s'empressa de raconter à son mari ce qui

lui était arrivé, et le mari avoua que c'étaient les mouches qui faisaient le travail de la ferme.

» A partir de ce moment, quelque besogne que la femme leur commandait, elle était faite en un moment.

» Un jour qu'il n'y avait rien à faire, les mouches tourmentaient la femme en disant : *Lan ! lan ! lan !* (Travail ! travail ! travail !). Elle leur donna un crible : « Allez, leur dit-elle, remplissez d'eau la barrique vide qui est dans la cave. Vous prendrez l'eau dans le canal du moulin et vous la transporterez dans le crible en montant par la prairie qui est au-dessus de la maison.

» En un instant cela fut fait et les mouches étaient encore là harcelant la femme en bourdonnant : *Lan ! lan ! lan !* (Travail ! travail ! travail !)

» A bout de patience, elle dit à son mari :

— Quelle merveille que ces mouches ! Il faut absolument nous en défaire.

— Oui, répondit le mari. Mais nous devons à chacune payer des gages.

— Donnez-leur, dit la femme, les dix oies qui sont un peu au-dessus de la maison.

» En même temps les oies s'envolèrent avec des cris bruyants vers les nues et les mouches de Mendiondo ne reparurent plus ».

Quoi qu'il en soit de cette intéressante légende dont on doit la conservation à M. Cerquand, inspecteur d'Académie, en l'absence de noms de famille et d'emblèmes ayant l'abeille, la mouche, pour origine, est-il permis de faire l'hypothèse que la vénération dont les

Basques entourent encore aujourd'hui leurs ruches, soit un dernier vestige d'une très antique tradition se rattachant au fétichisme de l'abeille, fétichisme en honneur chez les tribus grecques? Nous posons la question. Pour nous, simplement, nous avons été frappés de la tournure d'esprit, des traditions, des coutumes anthropomorphes des Basques et il nous a semblé que parlant des hôtes de la Maison Basque, dans l'intention très avouable de retenir quelques-uns des usages pittoresques du pays qui bientôt auront disparu, on nous pardonnerait une téméraire mais fugitive incursion sur un terrain qui n'est pas le nôtre. où nous ne nous sommes aventurée que timidement et sans songer à conclure.

Notons encore une opinion superstitieuse des Basques à propos des bêtes :

Pour la sécurité du bétail en Soule, le 3 février, jour de la saint Blaise, a lieu un pèlerinage célèbre dont voici le cérémonial, d'après le récit qu'en a publié l'*Avenir de Bayonne* (17 février 1893), sous le pseudonyme de G. de la Nive :

« Il y a une vingtaine d'années, j'ai vu la saint Blaise se fêter dans le pays de Soule. Au milieu des grands bois qui séparent Mauléon de Barcus, il est un endroit, pas bien grand, appelé « l'Hôpital Saint-Blaise ». Pour le 3 février il s'y fait de nombreux pèlerinages ; on s'y rend de plusieurs lieues à la ronde, village par village, pendant trois jours consécutifs. L'église est toute petite, mais fort ancienne; elle a un cachet antique, pas trop banal. Toute la cérémonie religieuse consiste, pour le curé, à défiler

devant la balustrade où le populaire vient s'age-
nouiller en rangs ininterrompus. A chacun il fait la
même demande : « Combien d'évangiles ? » Le
nombre d'évangiles est relatif à celui des bêtes à
corne du pèlerin, et c'est cinquante centimes par
évangile. Un premier clerc inscrit le nom du dépo-
sant et le nombre d'évangiles ; un second recueille
les fonds.

La cloche de l'Hôpital Saint-Blaise est miracu-
leuse ; les trois jours du pèlerinage constituent le
bénéfice annuel de son sonneur. Elle est affreuse-
ment fêlée, elle a un horrible bruit de ferraille ;
mais avez-vous des migraines, avez-vous des maux
de dents ? Mettez alors la tête sous la cloche et dites
au sonneur de la faire retentir une, deux, trois,
quatre fois. C'est deux sous le coup de cloche, et,
la foi aidant, vous en aurez pour toute l'année à être
dispensé de migraines et de maux de dents...

Les bons propriétaires Souletins n'ont eu garde
d'oublier un encens particulièrement agréable à
saint Blaise. Ils sont venus au pèlerinage portant
sous le bras une grosse poignée de poils de la queue
de leur bétail. Et, à la nuit tombante, ils en forment
des tas considérables tout autour de l'église et le
font brûler. Pendant que la fumée s'élève, chaque
groupe de villageois qui ne voyagent jamais sans
musique, ici avec un violon, là avec un « chirula »,
plus loin avec une véritable fanfare, se met à danser,
à chanter avec un entrain admirable.

Dans la Labourd, les Sociétés de Secours mutuel
que les paysans forment entre eux pour assurer leur

bétail, font dire une messe pour la Saint-Blaise à l'intention des étables des sociétaires. Sont punis d'une amende ceux qui s'abstiendraient d'y assister. Repos obligatoire pour le bétail ce jour-là, jusqu'à midi. Une infraction à ce règlement serait punissable de 10 francs d'amende.

Voici quelques autres superstitions populaires :

On a peur de passer auprès d'un chien couché par terre : cela n'augure que malheur.

Si l'on a de l'argent dans la poche lorsqu'on entend chanter le coucou pour la première fois de l'année, on aura de l'argent pendant toute l'année.

Le bouc mis dans une écurie préserve des maladies.

Tuer un chat dans la maison porte malheur.

Voir un chat noir traverser la chambre est le signe qu'une sorcière vous jette des maléfices.

Pour conjurer le mauvais esprit, il faut couper le cou à un chien noir et se servir des tronçons sanglants pour tracer une croix sur chaque ouverture de la maison, fenêtres et portes. Ensuite, il faut enterrer le chien devant la porte principale.

Une poule noire dans une basse-cour porte bonheur. Lorsqu'on est prudent on laisse une poule noire dans son poulailler parmi les autres poules.

Le blaireau possède une graisse dont les vertus curatives sont universelles.

Le serpent est un animal dont on a horreur : il s'introduit auprès des mères qui allaitent et dérobe le lait aux nourrissons. Ce reptile, plein de ruse, met l'extrémité de sa queue dans la bouche de l'enfant pour que la mère ne s'aperçoive pas de l'horrible substitution.

Le chien qui hurle dans la nuit est signe de mort.

La maîtresse de maison fait passer plusieurs fois les grains de maïs par un gosier de renard afin de préserver la volaille des déprédations de cet ennemi des basses-cours.

Le cri du hibou est de mauvais augure.

L'hirondelle qui niche dans l'étable apporte des veaux et du lait.

Lorsque le coq chante vers 11 heures, c'est signe que la maison est entourée de sorciers.

Le premier chant du coq le matin met en fuite les laminacs.

Une dernière légende pour prouver encore une fois l'influence du chant du coq sur les esprits malins.

« Les anciens de Licq ne pouvaient venir à bout de la construction de leur pont : mais à l'endroit du gave où ils cherchaient à le bâtir, il y avait trois laminacs, tous trois se nommaient Guilhem. Un jour, ces laminacs dirent à un homme du village qu'ils construiraient un pont de pierre la nuit, veille de la Saint-Jean, s'il voulait en payement leur donner son âme. L'homme le leur promit, à condition que le pont serait construit dans une même nuit, avant que le coq n'eût chanté. La nuit de la veillée de Saint-Jean, les trois Guilhem ensorcelèrent d'abord tous les coqs et ils commencèrent à travailler, disant en se passant les pierres : « Tiens, Guilhem ! — Donne, Guilhem ! — Prends, Guilhem ! »

Pour terminer le pont, ils avaient à la main la dernière pierre, lorsqu'un poussin, encore dans l'œuf,
sous la poule, chanta. Alors les trois Guilhem
dirent : « Adieu notre payement », et ils jetèrent la
pierre dans l'eau. Depuis lors, une pierre manque
à ce pont... »

La légende de la construction du pont de Licq est
évidemment une variante de la légende relative à
l'église du village d'Espès.

QUATRIÈME PARTIE

LA VEILLÉE DANS LA MAISON BASQUE
(LÉGENDES ET DEVINETTES)

LA VEILLÉE DANS LA MAISON BASQUE
(LÉGENDES ET DEVINETTES)

La petite vallée d'Occos était couverte de brouillard. Çà et là, dans la vapeur que les rayons de la lune argentaient, des maisons transparaissaient comme enveloppées d'une auréole. L'horizon étroit était encerclé de montagnes sombres, peu élevées, aux courbes douces, qui venaient former un rivage à la mer fugitive et que la nuit avait pour quelques heures étendues à leur base. Il était déjà tard et tout dans la campagne avait fait silence. Cependant il y avait encore de la lumière chez Bordachar ; la porte était même ouverte. Que se passait-il donc que les habitudes de la famille fussent troublées à ce point? Voulez-vous le savoir, cher lecteur? entrons ensemble ; nous sommes en plein pays basque et nous serons les bienvenus. On va nous faire place dans le cercle des travailleurs rassemblés dans la grange ; nous aurons notre part des châtaignes qui remplissent ce grand chaudron, on nous donnera des noix, de la méture chaude, du vin de l'année.

En retour mettons-nous à l'œuvre. Le service qu'on réclame de nous ne sera pas pénible. Voici devant nous un énorme monceau de têtes de plantes, arrondies, paillons gros comme le poing, jaunâtres et parcheminés : prenons-en un, arrachons les larges feuilles desséchées qui lui servent d'enveloppe ; sous ce vêtement protecteur, nous trouverons un épi ; retirons-le : qu'il est beau ! Il est formé de centaines de grains ronds, jaunes et brillants, pressés en lignes symétriques le long de la rafle. On dirait d'un cône d'or. Vous avez reconnu le maïs. Sachez donc qu'en ce moment, voisins et voisines, selon l'usage du pays, sont réunis chez Manech (1), le maître de

(1) Comme l'ancien Romain, le Basque a le prénom, le nom et le surnom, et de plus, il porte le nom de la maison dont il devient propriétaire par mariage ou par héritage. Cette multiplicité de noms occasionne de grandes confusions. L'état civil conserve le nom de famille comme seul légal, et c'est précisément celui que les Basques n'emploient pas entre eux puisqu'ils portent le nom de leur maison. Le prénom disparaît très souvent pour faire place au surnom. Le nom de famille et le nom de la maison ont toujours une signification *Carricaburu* veut dire : tête de rue (de *carrica*, rue ; *burua*, tête). *Bordachar* : mauvaise ou vieille ferme (de *borda*, ferme ; *sahara* vieille). *Etcherry* signifie : maison neuve (de *etche*, maison ; *berria*, neuve). Les prénoms basques ne sont qu'une transformation de nos prénoms chrétiens. Jean est devenu Johannes, Ganich et Manech ; Pierre, Pierré, Pierénio, Peilho ou Peyo ; Bernard, Beñri, Bignat, etc. Marie est le nom universel de toutes les Basquaises. Il est devenu Marigno, Magnigno Maïder (contraction de Marie, et *eder*, belle), Marigaste (Marie la jeune), Marilippi (Marie petite). Enfin le surnom est quelquefois très original : on est *Miru* (le milan), *Pitsera* (le sac à vin), *Guizon erdi* (moitié d'homme) *Talotacafé* (taloua et café, ce qui montre la gourmandise de l'individu), sans que ces qualifications semblent désagréables à celui qui les porte.

la maison Bordachar, pour l'aider à dépouiller sa récolte. Or Manech a beaucoup d'esprit, il est malin et jamais son humeur n'est plus joyeuse que lorsqu'il faut prolonger la veillée jusqu'au point du jour pour achever le travail. Ce soir, pour faire oublier les heures, il trouvera dans sa mémoire beaucoup de vieux contes qui chasseront le sommeil ; et, si je ne me trompe, nous n'aurons pas à nous repentir de lui avoir demandé l'hospitalité.

Il y avait déjà une douzaine d'ouvriers et d'ouvrières autour du maïs et les mains étaient actives. Une jeune Basquaise entra : c'était la fille de Bordachar ; elle était coiffée du petit mouchoir national qui cachait ses tresses brunes ; elle portait sur une assiette un beau fromage blanc. De joyeuses exclamations l'accueillirent :

— Bonjour, Maïder ! Enfin, te voilà, Maïder ! Vas-tu nous donner du maracoucou (1)! Fais-nous un maracoucou, tu seras bien gentille.

— Sans doute, répondit-elle sans se troubler, si maman donne la farine pour les talouas (1) et si vous finissez notre maïs ce soir.

(1) Les *talouas* sont des galettes de farine de maïs. Ces galettes se cuisent sur la cendre devant un bon feu, et lorsque la maîtresse de maison veut offrir un régal à sa famille, elle prend les talouas bien chauds, elle les ouvre, y introduit un gros morceau de fromage blanc et les pétrit en forme de boules. Ces boules s'appellent des *maracoucous* et doivent rester devant le feu un certain temps, afin que le fromage cuise avec la pâte et devienne filant comme dans le macaroni. Nous engageons nos lecteurs à essayer aux vacances prochaines d'un voyage dans le pays basque : ils trouveront les maracoucous excellents.

— Il y en a bien trop pour une fois, tu n'y penses pas Maïder.

Le jeune homme qui faisait cette remarque souleva son béret du doigt comme pour se gratter la tête et jeta un regard plein de malice du côté du maître de la maison.

— C'est de la paresse, Pierrenio, reprit Maïder toute contente de la flatterie adressée à son père ; si l'on ne finit pas, pas de maracoucou, ajouta-t-elle d'un petit air lutin.

— Si nous avions les mouches de Mendiondo à notre service, nous ne serions pas embarrassés, reprit un autre Basque, Carricaburu, qu'à son air d'importance on pouvait prendre pour l'instituteur de la commune.

Lorsqu'il eut achevé son récit que nous connaissons déjà, Carricaburu jeta sur ses auditeurs un regard triomphant. Il savait qu'une histoire inédite serait un événement dans la vallée d'Occos, et que les mouches de Mendiondo, à l'avenir inséparables de son nom, allaient passer de bouche en bouche. On l'avait écouté dans un profond silence, et le plaisir qu'on éprouvait était évidemment très vif. Cependant, comme on connaissait la vanité du gros maître d'école, on s'efforça de paraître indifférent.

J'aimerais mieux avoir Guilhem pour nous aider que tes dix mouches, observa Pierrenio avec froideur.

— Et moi, reprit aussitôt Manech, qui tenait à entretenir la gaieté générale, je voudrais avoir à mon service ces mouches là et Guilhem, et leur fournir pendant tout l'hiver de mon maïs à dépouiller.

On se mit à rire.

— Tu n'es pas gêné, lui cria-t-on : en aurions-nous notre part?

Certainement, ajouta d'un air grave une vieille femme nommée Magnigno, qui avait branlé la tête pendant le récit de l'instituteur. Guilhem est un bon ouvrier, on peut compter sur lui. L'instituteur se prit à rire avec ironie.

Magnigno n'aimait guère l'instituteur ; elle le regarda avec indignation à travers les mèches grises échappées en désordre du mouchoir d'indienne qui lui serrait la tête. Carricaburu ne sourcilla pas. A quoi lui aurait servi tant d'années d'études à l'école normale de Lescar, s'il ajoute foi aux récits des vieilles femmes, aux Laminacs et aux sorciers ! Il se contenta de faire appel à sa tabatière, et il offrit une prise à son ami Ganich, grand contrebandier (1). comme presque tous les Basques, et qui lui apportait régulièrement d'Espagne sa provision de tabac. Mais la question des Laminac n'était pas résolue ; chacun avait sur ce point des renseignements particuliers et tenait à les donner.

— Moi, reprit une autre femme aussi âgée que Magnigno quand j'étais toute petite, j'allais souvent chez la maîtresse d'Ouracarriet, qui avait alors au

(1) Le contrebandier basque était un garçon bon enfant, insouciant, joueur et paresseux en toutes choses excepté quand il s'agissait de courir la nuit dans les endroits les plus inaccessibles avec un fardeau énorme sur le dos pour échapper aux douaniers qui le guettaient sur les pentes de la montagne. Maintenant la contrebande n'est plus de bon rapport. Ce n'est plus un métier qui fasse vivre, les contrebandiers ont disparu.

moins quatre-vingt-dix ans ; elle était du village d'Aussurucq, et elle-même avait connu un certain Iribarne, dont le champ était mitoyen de celui de ses parents. Or, un jour que le père de cet Iribarne allait à sa grange, il trouva près de la croix des champs un peigne d'or qu'une Lamina y avait oublié. Quand il revint, la Lamina le pria de lui rendre son peigne ; mais Iribarne nia qu'il l'eût trouvé.

La même nuit, le champ d'Iribarne, voisin de la croix, fut couvert de pierres d'une telle grosseur qu'aucun homme n'aurait pu les remuer ; et le matin Iribarne vit avec douleur son champ ruiné et revint conter son malheur à la maison.

Son voisin le plus proche lui fit entendre que sans doute il avait blessé les Laminacs, seuls en état de porter ces grosses pierres en une seule nuit. Iribarne essaya encore de nier, puis finit par avouer qu'il avait trouvé un peigne d'or et refusé de le rendre à la prière de la Lamina.

Le voisin lui conseilla de reporter le peigne d'or où il l'avait trouvé. Iribarne y consentit, et, dès la nuit suivante, son champ fut débarrassé de toutes les pierres qui l'encombraient.

Depuis ce moment, tout le monde respecta les objets appartenant aux Laminacs.

— Pour ma part, dit Maïder, lorsque la vieille femme eut achevé l'histoire du Peigne d'or, je ne sais pas si c'est vrai que les Laminacs ont d'aussi belles choses qu'on le dit, mais je me rappelle bien avoir été dans une grotte dans la montagne, où l'on voyait plusieurs chambres qu'on appelait les chambres des Laminacs ; j'étais toute petite alors.

— Allons, Carricaburu, ajouta Pierrenio, tu sais bien que s'il n'y a plus de Laminac aujourd'hui, il y en a eu autrefois. Leur pain était blanc comme la neige et ils avaient autant d'or qu'il y a de feuilles de fougères sur la montagne. D'ailleurs on sait qu'ils ne sont pas méchants quand on ne les tourmente pas. Ce n'est pas comme les Seigneurs sauvages (1). Ceux-là sont quelquefois mauvais et il ne faut pas les offenser.

— Tu ne connais donc pas l'histoire du berger d'Etcheverry de Saint-Michel, comme il descendait de la montagne à la nuit tombante, après avoir enfermé son troupeau dans la borde?

— Voyons, conte toujours, répondit le maître d'école résigné.

— Eh bien, le berger cheminait depuis quelque temps, quand il s'aperçut qu'il avait oublié l'écuelle au lait. Il retourna donc sur ses pas, ouvrit la porte de la borde et recula d'effroi en apercevant un Basa yauna au milieu du troupeau. Mais le Basa yauna le

(1) Le Seigneur sauvage, en basque *Basa-yauna* ou Ancho (diminutif d'Antoine), est représenté par les légendes comme un géant velu, d'une activité infatigable, faisant des sauts prodigieux. C'est quelque chose d'approchant de l'esprit malin, avec lequel l'imagination populaire l'a probablement confondu depuis l'introduction du christianisme dans le pays basque. Il a pour fille la *Basa Anderia*, c'est-à-dire la Dame sauvage ; il est méchant et emporte dans ses demeures les malheureuses créatures dont il est parvenu à s'emparer.

rassura : « Dis-moi trois vérités à ton choix, et je te laisserai partir sans te faire du mal. »

Le berger, retrouvant sa présence d'esprit, et désirant le contenter, commença ainsi : « Oh ! la belle nuit ! dit-on, pour une nuit où la lune éclaire ; il fait aussi clair que le jour. Cependant, monsieur, il fait toujours, à mon avis, un peu plus clair pendant le jour. — Cela est vrai répondit le Basa Jauna. »

Le berger continua : « Quelle bonne méture ! elle est aussi bonne que le pain. Le pain, monsieur, est cependant meilleur que la méture. — « C'est encore vrai » dit le Basa Jauna.

Un peu embarrassé pour trouver la troisième vérité, le berger finit par dire : « Monsieur, si j'avais pensé que je vous trouverais dans la borde, je me serais bien gardé d'y revenir. — Je le crois, répondit le Basa yauna, et j'accepte cela pour une troisième vérité. Prends ton écuelle et t'en retourne à la maison ».

— Que dis-tu de celle-là ? ajouta Magnigno en s'adressant à Carricaburu.

— Je dis qu'il y a une quatrième vérité que le berger n'a pas dite à Ancho : c'est que nous n'aurons jamais fini cette nuit le maïs de Manech... et puis une cinquième vérité : c'est que Maïder nous a promis du maracoucou et que nous ne le voyons pas encore ; — enfin une sixième vérité : c'est que Carricaburu pense à son lit et qu'il va bientôt y aller. Et en même temps l'instituteur jeta le maïs qu'il avait dans la main et se leva comme pour partir.

Manech s'aperçut de la mauvaise humeur de son hôte et il se hâta de se lever aussi, puis l'arrêtant, il se plaça en face de lui et le salua de la formule consacrée dans une sorte de jeux d'esprit très goûtée des Basques et qui porte le nom de *papaitac*, c'est-à-dire énigme ou plutôt devinette (1).

— Toi une énigme, moi une énigme. Je sais une chose, tu sais une chose. Qu'est-ce ? Une barrique contenant deux sortes de vins qui ne se mêlent pas ?

Un grand éclat de rire accueillit cette plaisanterie connue de tous.

Carricaburu ne pouvait pas se soustraire au défi qui venait de lui être lancé. Il répondit : « L'œuf ». Puis il posa à son tour une question à Bordachar.

— Qui est-ce qui passe devant le roi sans le saluer ?

— Le chien, répondit celui-ci ; et les assistants battirent des mains.

— Qu'est-ce qu'on habille le soir et qu'on déshabille le matin ?

— Le feu,

— Bravo ! bravo ! cria-t-on.

— Qui est-ce qui regarde la maison en allant à la montagne et la montagne en allant à la maison ?

— Les cornes de la chèvre.

Et la lutte continua entre les deux adversaires, vive, joyeuse, interrompue par les exclamations de tous. Carricaburu ne pensait plus à partir.

(1) En 1889, M. Julien Vinson a publié un volume de 450 pages où l'on trouvera un recueil considérable de contes, chansons, devinettes, proverbes, rondes d'enfants, etc., intitulé : *Le Folk-lore du Pays basque* (Guilmoto. Paris).

— Qu'est-ce, continuèrent-ils, qui marche toujours sans jamais s'arrêter?

— L'eau.

— Qu'est-ce que l'on jette sur la pierre sans le briser, et qui se brise dans l'eau?

— Le papier.

— Qu'est-ce? quatre dames enfermées dans une boîte?

— La noix.

— Qu'est-ce? un oiseau peint qui entre dans la maison et sans rien dire se décharge d'une commission?

— La lettre.

— Qu'est-ce qui a une chemise sous la peau?

— La chandelle?

— Qui est-ce qui grimpe au sommet des grands arbres et ne peut franchir une goutte d'eau?

— La fourmi.

Pendant longtemps les deux joueurs s'interpellèrent ainsi, et l'animation était si grande qu'on en oubliait la besogne; tous les regards étaient arrêtés sur eux; on s'amusait de la tournure épaisse de l'instituteur; on admirait l'élégante prestance du maître de la maison, sa poitrine effacée, son corps droit et souple qui faisait de lui, quoi qu'il ne fût plus jeune, l'un des plus beaux hommes du village! Il portait le costume simple mais gracieux des Basques. Un pantalon bleu foncé tenant sur les hanches, une veste courte, étroite, de la même couleur, un gilet ouvert sur la poitrine, une cravate claire nouée négligemment, un béret posé un peu sur l'oreille, du linge blanc, le col de chemise roide, aux pieds des espadrilles garnies de rubans bleus, enfin la ceinture de laine rouge enroulée en tours serrés à la taille. Maïder vint interrompre la lutte, elle apportait du vin et de la méture. Les deux hommes se rassirent et elle se mit en devoir de servir les travailleurs avec une parfaite bonne grâce.

Quand Maïder eut posé la bouteille, Carricaburu jeta un regard furtif sur le verre de Pierrenio, puis il se gratta la gorge avec bruit.

— Qu'y a-t-il? demande Manech?

— Rien, si ce n'est bonne mesure pour Pierrenio, et mauvaise pour le pauvre Carricaburu. Un regard malin éclaira les visages et Maïder rougit légèrement.

— Vous vous trompez, dit-elle, tout le monde a été servi de même : seulement il y a des verres qui sont comme le four d'Ahurhutze. (1)

— Qu'est-ce que tu appelles le four d'Ahurhutze? dit l'instituteur — explique nous cela :

— La petite veut parler des pains de la Sainte-Vierge, reprit Manech, désireux de venir au secours de sa fille. Comment ne le vois-tu pas? Il y avait autrefois en Espagne, un village du nom d'Ahurhutze. Un certain samedi, une femme y faisait la fournée. Une vieille mendiante se présenta à la porte, lui demandant l'aumône d'une galette cuite au four. La femme mit donc un peu de pâte au four et soudain cette pâte devint un beau pain. Mais elle trouva le pain trop grand pour une aumône. Elle

____

(1) Ahur — poignée ; hutze — vide.

mit dans le four une plus petite quantité de pâte, mais la galette devient un pain si grand qu'elle a peine à la retirer. Alors, elle prend un tout petit, tout petit peu de pâte au bout du doigt, et celui-là grossit tellement, que tout le four en fut rempli et que la femme ne l'en put tirer.

Alors, la vieille mendiante dit : « Moi, je suis la Sainte-Vierge. Le samedi est mon jour et parce que tu as trouvé que ton aumône était trop grande pour une pauvre, désormais il ne se récoltera plus de froment dans ton village. Cela dit, la Sainte-Vierge disparut.

Depuis ce temps, lorsque les femmes mettent le pain au four, elles disent :

« Le bon Dieu le bénisse comme le pain d'Ahurhutze ».

« Enfin, voilà une jolie histoire et qui vaut la peine d'être écoutée, dit la femme de Manech, qui jusqu'alors n'avait pas cessé de travailler. Vos autres contes n'avaient pas de sens, mais celui-là est bien vrai. Lorsque l'on veut donner, Dieu fait en sorte qu'il y en ait toujours assez. C'est comme l'histoire que M. le Curé nous a dite dimanche, des cinq pains que notre Seigneur avait distribué à 5.000 hommes et il y en avait eu encore douze corbeilles de trop ».

— « Oui, femme » dit Bordachar, c'est pour cela que ma récolte de maïs disparaît du grenier avant que je ne l'y aie serrée. Un peu de maïs pour ce vieux-là : un morceau de méture pour ce petit, parce que sa maman est morte ; une poignée de grains pour les poules, de la farine pour le « cheria » (le porc). Toute la journée c'est à recommencer. Et puis, il faut une robe pour Maider : vite une mesure de maïs pour la payer...

— Bah ! dit Pierrenio, si tu cachais la clef du grenier pour ta femme, tu n'empêcherais pas les rats et les souris d'entrer. Il vaut mieux donner à ta fille une belle étoffe verte qui arrive de Paris, que de nourrir cette maudite vermine.

— Il me semble que si je vendais quelques sacs de maïs de plus au marché, cela ne serait pas plus mauvais pour moi.

— « Et puis, après », reprit la femme : « Tu serais bien avancé. Ne sais-tu pas que si nous connaissions combien la vie est courte, c'est M. le curé qui le dit, nous ne travaillerions pas si dur du matin au soir ? »

« C'est même pour cela, dit Manech en regardant sa femme avec bonté, c'est même pour cela, Enè Maïtia (ma chère) que Dieu a caché aux hommes d'aujourd'hui le moment de leur mort. Au temps jadis, ils le connaissaient à l'avance. Or, un jour, Jésus-Christ cheminait en compagnie de saint Pierre. Il passa le long d'un champ et aperçut un homme occupé à le clore d'une haie de joncs. Il lui demanda pourquoi il faisait une si fragile clôture. « O Seigneur ! dit l'homme, je dois mourir dans trois jours et la haie durera autant que moi. — Eh bien, dit Jésus, ceci est cause que désormais vous ne saurez plus quand vous devez mourir. »

— Il y a longtemps que je ne m'inquiètes plus de ce qui doit m'arriver plus tard, dit encore la femme de Manech. A chaque jour suffit sa peine et Dieu est toujours là.

— Et moi, ajouta Manech, je ne me plains pas que le Seigneur m'ait caché le moment où il faudra que je laisse ma belle huche de chêne toute seule à la maison. Je tâche d'oublier que je vieillis, comme cet homme à qui l'on demanda son âge et qui répondit qu'il n'en savait rien. — Quoi ! vous ne connaissez pas votre âge ? — Moi, dit l'homme, je compte mes brebis et mon argent de peur de les perdre, mais je ne compte pas les années, je sais bien que je n'en perdrai pas une seule ».

Tout en causant, l'on avait avancé le travail, il ne restait plus qu'une petite quantité de maïs à dépouiller, mais il était très tard et temps pour chacun de rentrer à la maison. Maïder apporta les « maracoucous » promis au commencement de la soirée. On abandonna l'ouvrage, on savoura le repas que Bordachar offrit à ses hôtes. Carricaburu, Bignat, Pierrenio, Magnigno, tous avaient bon appétit et ne s'arrêtèrent que lorsqu'il ne resta plus de châtaignes dans le chaudron, plus de pain de maïs sur le plat. Alors on se leva pour prendre congé et on allait sortir lorsque Manech les arrêta en fermant la porte.

— Allons, Carricaburu, dit-il, c'est à toi, qui est le savant ici, de terminer notre veillée par un conte aussi joli que les pains de la Sainte Vierge...

— Oui, Carricaburu, dit tout le monde, encore un conte avant que nous ne nous séparions. Nous t'écoutons, ne te fais pas prier.

Le gros instituteur, tout à fait consolé de ses petits

ennuis de la soirée, réfléchit un instant, se rengorgea, rajusta sa ceinture rouge et avec sa gravité accoutumée, dit l'histoire suivante :

Il y avait une fois une vieille sorcière qui fréquentait, comme elle le devait, le Sabbat. Dans son village, vivaient deux bossus qui soupçonnaient son métier. Un jour, l'un d'eux lui dit : « Je veux une nuit vous accompagner ». La vieille, après avoir un peu dissimulé, lui confessa enfin ce qu'elle était et promit de conduire le bossu au sabbat. Seulement, lui dit-elle, faites bien attention à ceci — comme le Président nous doit faire dire à tous les noms des jours de la semaine, vous le direz de cette façon : Lundi, Mardi, Mercredi, Jeudi, Vendredi et Samedi, mais vous ne prononcerez pas le nom de Dimanche. »

— « Fort bien », répondit le bossu. La nuit du sabbat étant venue, tous les sorciers, rangés à la file, dirent l'un après l'autre les jours de la semaine. Quand le tour du bossu fut venu, il dit : « Lundi, Mardi, Mercredi, Jeudi, Vendredi, Samedi et Dimanche. — Qui a parlé de Dimanche ? s'écrie le Président. — « Monsieur, c'est ce bossu » — dirent les autres. — Qu'on lui enlève sa bosse du dos ».

Le Bossu s'en retourna chez lui fort satisfait. Son compagnon à sa vue s'étonne : « Comment, dit-il, et par quel miracle es-tu fait si bel homme ? — L'autre lui conte son aventure et l'engage à la tenter. Le bossu s'en va chez la sorcière qui lui fait la même recommandation et l'accompagne au Sabbat. Son tour venu, il récite : « Lundi, Mardi, Mercredi, Jeudi, Vendredi, Samedi et Dimanche ». —

Qui a parlé de Dimanche? dit encore le Président?
— « Monsieur, c'est ce bossu, disent les autres; —
« qu'on ajoute, dit le Président, à sa bosse celle de
l'autre ». Le pauvre bossu s'en revint à la maison
avec double charge.

Maintenant, ajouta Carricaburu :

« Il y avait une fois un corbeau noir, très noir, de
ce corbeau une aile était plus longue que l'autre.

Si l'aile courte avait été aussi longue que l'autre,
cette histoire aurait été plus longue et plus intéressante » (1).

— « Adieu, mes amis, je vous souhaite le bon-
soir ». Et sur ce, l'instituteur sortit. A ce moment,
la cloche de l'Église sonna le couvre-feu ; on quitta
la grange et chacun reprit le chemin de la maison
accompagné par le tintement de la cloche de l'église.

En effet, il y a une quinzaine d'années, dans tous
les villages du pays, il était encore d'usage de sonner
le couvre-feu. Les rues étaient plongées daus une
profonde obscurité. Au signal qui partait du haut
du clocher de l'église, la vie cessait au dehors, les
portes étaient closes, ni auberge, ni cabarets en
demeuraient ouverts, le bon gendarme faisait sa
ronde. Cela suffisait pour établir un complet silence.
Cet usage du couvre-feu est malheureusement
tombé en désuétude, il faut le déplorer grandement.
Les soirs de fêtes et les dimanches, au dernier

---

(1) Lorsqu'un conteur basque a lieu de craindre que ses
récits n'aient pas produit sur ses auditeurs l'effet attendu,
il trouve pour s'excuser une pasquinade comme celle que
nous venons de citer.

coup de neuf heures, s'élançait la voix sonore de la cloche. Ses appels réguliers et égaux s'en allaient à travers la vallée réveiller les échos lointains. Ni lente, ni pressé, ni gaie, ni triste, cette sonnerie ne ressemblait à aucune des autres sonneries que l'église envole dans les airs. Elle n'avait rien du tocsin qui fait se hâter le monde, ni du glas qui le fait frissonner : rien non plus des carillons de Noël et de Pâques. Elle possédait une allure tranquille et bienveillante. Les personnes qui l'ont entendue autrefois ne peuvent oublier son rythme très spécial qu'il leur semble entendre encore. On eût dit du balancement d'une pendule dans la vieille horloge de la cuisine : cette vieille vénérable horloge dont le coffre de bois bruni par le temps, haut et étroit, rappelle le souvenir des choses passées à la jeunesse que guide ses heures gothiques, Comme celle de la pendule, la voix du couvre feu ne faisait entendre que les sages avertissements du père de famille : « maintenant, rentrez, enfants », semblait-elle nous dire ; « voilà l'heure de regagner vos foyers. Mère, femme, sœurs vous attendent et le bétail a besoin de vos soins avant que la soirée ne se soit achevée. Un dimanche s'est envolé ; la semaine va recommencer avec son cortège habituel de soucis et de travaux. Cessez votre partie de mus, ramassez vos cartes, terminez cette causerie amicale. Dimanche prochain, si Dieu vous accorde de passer un autre dimanche que je vous souhaite aussi heureux que celui-ci, vous reprendrez, avec un nouveau plaisir, vos paisibles délassements. »

Pendant ce temps à la maison, les femmes ayant aussi entendu l'appel, se sentaient rassurées : « Il ne va pas tarder à rentrer, notre Domingo, ou notre Pethan, ou notre Manech, se disaient elles toute contentes. Nulle crainte qu'il ne s'attarde à l'auberge et ne nous revienne de méchante humeur. La cloche va le ramener vivement. Faisons-lui une place chaude auprès du feu. On aura encore le temps, avant d'aller au lit, de se donner des nouvelles de la maison et de se raconter les histoires du bourg ». Les enfants que la sonnerie avait réveillés, se glissaient nu-pieds près de la porte et eux aussi, ils attendaient le retour du père. Il y avait joie et sécurité au logis.

Cette coutume salutaire n'était pas du reste spéciale au pays basque, mais elle s'y est conservée plus longtemps qu'autre part puisque jusqu'en 1888 elle a été observée religieusement dans nos villages. Elle s'était établie presque partout dans la Suisse, comme en France, comme en Angleterre. La tradition en est très ancienne. On raconte que Guillaume le Conquérant avait mis en vigueur, à Londres, dès l'an 1066, la loi du couvre feu. Les citoyens de la cité étaient tenus sous peine de graves châtiments, de souffler sur le champ, au son de la cloche, tous les flambeaux et toutes les lampes qui brûlaient dans leurs maisons.

A Paris, nos bons bourgeois étaient soumis aux mêmes ordonnances. D'après Sauval, un écrivain de l'époque, il y avait à Notre-Dame une cloche qui s'appelait « Le Couvre-feu ». On la sonnait tous les soirs à huit heures et aussitôt chaque habitant était forcé d'éteindre son feu et sa chandelle. Les gens qui passaient encore par les rues à cette heure tardive se hâtaient de rentrer chez eux et certaine catégorie de personnes n'avait plus la liberté de quitter ses demeures. La police frappait de peines rigoureuses les délinquants et les contrevenants. Si maintenant nous nous demandons pourquoi la police appliquait avec tant de rigueur ces règlements pendant le Moyen Age et jusqu'au siècle dernier, la réponse est des plus simples.

On était alors dépourvu de moyens efficaces pour lutter contre l'incendie. L'implacable fléau qu'on avait vu à plusieurs reprises réduire en cendres des quartiers entiers dans les villes inspirait une affreuse terreur et l'imagination restait épouvantée au souvenir des catastrophes qui avaient eu lieu. On cherchait donc à prendre contre le retour de ces incalculables désastres les précautions que la prudence suggérait et il était sage comme mesure de préservation d'appliquer sévèrement la loi du couvre-feu !

Mais maintenant, nous sommes armés pour déjouer les ruses du feu. Nous avons des pompiers agiles et courageux, d'excellentes pompes à feu, des engins comme ces grenades que l'on projette au milieu du foyer incandescent et qui paraît-il, étouffent la force des flammes par des gaz et des liquides extincteurs. Nous sommes donc bien gardés, personne n'en doute et si par malheur nous venions à flamber nous assignerions les compagnies d'assurances à nous payer de grosses indemnités. La

police n'a donc plus aucun bon motif à mettre en
avant pour se mêler de l'heure à laquelle il nous plaît
de souffler notre chandelle.

Et cependant dans ce bas monde, à peine un
danger est-il écarté qu'il en renaît un autre pire que
le précédent. Nous ne craignons plus la destruction
de nos immeubles par le feu et voilà qu'il nous faut
redouter des combustions autrement irrémédiables,
infiniment plus désastreuses ; ces combustions lentes qui viennent anéantir nos corps et nos âmes,
celles en d'autres termes qu'allume le plus terrible
des fléaux, l'alcoolisme ! Eh bien ! contre ce mal
implacable, l'ancien couvre-feu aurait son mot à
dire pour le plus grand bien de nos populations. On
rebatit les villes en cendres, on ne rétablit pas l'organisme humain que l'alcool contribue victorieuse-
ment à détruire ! Il y a quelques années un excellent
docteur, le docteur Brumm, de Rouen, présentait à
l'Académie de médecine les résultats d'une enquête
qu'il venait de faire au point de vue de la consomma-
tion de l'alcool au milieu des ouvriers d'une des
régions les plus fertiles et les plus industrieuses de
la France. Il n'est pas inutile de relire sa conclusion :
« Si l'état de chose ne change pas écrivait-il dans son
remarquable rapport, le commerce, l'industrie et la
navigation de notre patrie française vont être com-
promis par les habitudes d'intempérance des ouvriers.
Les jours de travail diminuent, la qualité du travail
s'abaisse, le prix des salaires augmente : et comme
conséquence d'un travail irrégulier et onéreux, la con-
currence étrangère grandit tous les jours ». Tels sont

les faits douloureux que constatent à l'heure actuelle
les hommes réfléchis et en particulier les médecins. Le
fléau devient à ce point menaçant que des catastrophes comme celles de ces terribles incendies qui
détruisirent en grande partie la ville de Londres en
1077, en 1212 et en 1666, ne sont plus en comparaison que de vulgaires accidents. Pourtant l'incendie
du 2 septembre 1666 reste dans les annales de l'histoire comme un désastre effroyable, puisque pendant
quatre jours que dura la violence déchaînée des
flammes, 13.000 maisons furent dévorées par le feu
et le nombre des victimes fut si grand qu'il ne put
jamais être connu d'une manière certaine.

Le fléau de l'alcoolisme laisse loin derrière lui
tous les points de comparaison auxquels nous voudrions nous arrêter pour le rendre plus intelligible à
nos lecteurs ; il devient menaçant à un tel degré que
de tous les côtés, terrifiés par ses ravages, les hommes de cœur s'ingénient pour inventer quelque
moyen efficace de le combattre. Sans doute nos
populations agricoles et montagnardes n'en sont
pas encore d'aussi pitoyables victimes que les populations ouvrières des villes ; mais ne sommes-nous
pas en bon chemin pour perdre nos avantages et
n'est-il pas bien de saison de faire appel aux énergies de la vieille race des Basques pour conjurer le
péril ? En général nos femmes basques sont encore
sobres et nos enfants bien portants, cependant ce
n'est pas trop s'avancer que d'affirmer que nous
sommes sur la pente et qu'il n'est que temps d'en-
rayer puisqu'au dire des hommes qui peuvent en

savoir un peu plus long que le commun des mortels, il faut attribuer à l'usage des spiritueux la moitié
pour le moins des maladies que les médecins sont
appelés à soigner dans le pays.

Poison pour le corps, poison pour l'âme, l'alcool
et la criminalité s'associent pour se développer ensemble comme un hideux couple de malfaisants
associés. Là où l'on boit, la volonté se paralyse ou
reste sans défense contre la tentation brutale ; on
tue, on vole, on multiplie les délits de toutes sortes.
La porte du cabaret conduit au bagne. Les prisons
se peuplent dans la proportion que les cabarets
sont fréquentés. Or, où en sommes-nous en France,
à l'heure actuelle ? Les prisons ne chôment pas, ni
les tribunaux correctionnels non plus. Et en fait on
comptait en 1896, 500.000 cabarets en France, un
cabaret pour 30 adultes. Dans nos villages les débits
de boissons, vins, liqueurs, apéritifs, eaux-de-vie ne
cessent de s'accroître. A chaque cinq ou dix maisons,
des boutiques étalent leurs trompeuses enseignes
s'intitulant tantôt épicerie, tantôt restaurant ou hôtel.
Épiceries, hôtels et restaurants ne sont en réalité que
de vulgaires cabarets.

On ne peut malheureusement restreindre le nombre des débits puisque la loi reste désarmée devant
leur multiplicité ; qui le veut, du jour au lendemain,
devient cabaretier ; mais on peut combattre énergiquement le néfaste commerce d'abord par l'effort
individuel, en s'abstenant d'entrer dans les maisons louches qui ne sont ni épiceries, ni débits, en
faisant le vide autour de leurs comptoirs, en repous-

sant les boissons frelatées qu'on y vend ; en se refusant de grossir de sa propre personne la clientèle des dupes ; ensuite en les soumettant à des ordonnances de police très strictes. Les ordonnances de police sont dans les attributions des municipalités. Ces ordonnances devraient être appliquées avec rigueur. Les laisser tomber en désuétude est un grave et coupable manquement aux devoirs professionnels des chefs des municipalités. Les cabarets ne doivent pas vendre de consommations aux mineurs, ni aux personnes déjà en état d'ébriété, ni livrer des consommations de mauvaise qualité ; ils doivent fermer à l'heure indiquée par les règlements. Les gendarmes ont le droit de dresser des procès-verbaux et de frapper d'amendes s'ils rencontrent des infractions à la loi contre l'ivresse et aux prescriptions des maires.

Du temps qu'on sonnait le couvre-feu, le dimanche soir, on accordait une demi-heure, trois quarts d'heure de latitude aux gens pour leur donner le temps de s'en aller et aux cabaretiers de fermer leur débit. Les gendarmes verbalisaient contre les cabaretiers qui n'avaient pas encore fermé et contre les consommateurs qu'ils trouvaient en contravention. C'était sage et moral. C'est à ces salutaires mesures qu'il faudrait revenir.

Pourquoi ne pas sonner de nouveau la cloche du dimanche soir ? Pourquoi souffrir que les auberges restent ouvertes pendant la nuit ? Pourquoi laisser les malheureux intoxiqués boire au-delà de toute mesure ? Pourquoi nos Basques, si attachés à leurs

anciennes traditions, ne se révoltent-ils pas contre
ces coupables relâchements? Et nos femmes, n'ont-
elles plus cette noble énergie qu'on leur connaissait
du temps des grand'mères et de temps immémorial? En Amérique, aux États-Unis, les hommes
allaient au cabaret et s'enivraient à bouche que
veux-tu ; cela n'était pas pour plaire aux femmes et
les femmes n'entendirent pas que la ruine entrât
dans leur maison et qu'on détruisit de gaieté de
cœur la paix et la sécurité de la famille. Elle se
sont concertées, en braves qu'elles étaient, et elles
ont mené si grand bruit contre les cabarets qu'elles
ont obligé, dans plusieurs États, les cabaretiers à
cesser leur commerce. En agissant avec cette hardiesse, les Américaines ont sauvé leurs maris et leurs
enfants. Elles se sont sauvées elles-mêmes. Elles ont
sauvé leur patrie. Peut-être sans leur énergique opposition les États-Unis n'auraient pas remporté sur
l'Espagne les brillantes victoires de la guerre de
Cuba. Nos Basquaises sont très capables, quand le
besoin les presse, de déployer une ardeur masculine.
On cite des Etcheco Anderiac dont il convient d'admirer la virile résolution, qui voyant que l'auberge
ne fermait pas quoique l'heure fût tardive, faisaient
la police elles-mêmes, et allaient chercher le mari,
le fils, dans la caverne du démon de l'alcool. Elles-
mêmes emmenaient les délinquants d'une main
ferme, les tirant par le bras aux applaudissements
des assistants.

Nous applaudirions aussi, car lorsque ceux qui
avaient mission de vous protéger désertent leur

devoir, il faut savoir lutter soi-même pour défendre sa propre cause. Quand on voit le feu dans sa maison, on n'appelle pas Pierre et Paul, mais on se hâte de l'éteindre soi-même lorsqu'il n'est encore qu'une petite flambée naissante. On ne s'attarde pas à se demander si c'est la besogne d'une femme d'éteindre le feu. On agit d'abord, ensuite on discutera, on raisonnera, on dissertera quand le danger aura été écarté. Que les femmes qui ont le naturel souci de préserver leur demeure de la ruine, réclament contre la négligence des municipalités : qu'elles fassent mieux encore. Qu'elles se réunissent pour demander le retour aux anciens usages. On finira par les écouter et il y aura des hommes de cœur pour appuyer leurs justes réclamations. Qu'elles demandent qu'on remette en branle dans nos villages, à neuf heures du soir, comme jadis, la vieille cloche du couvre-feu. Le tintement argentin qui s'élancera du clocher redira alors le bon renom du peuple basque et célébrera le loyal et salutaire retour aux sages ordonnances d'un passé respecté. C'est le vœu que nous formulons au moment où nous achevons de retracer les quelques souvenirs d'autrefois, les souvenirs d'un temps qui fut meilleur que celui d'aujourd'hui, *Laudator temporis acti.*

Puissions-nous persuader la génération qui grandit aujourd'hui de revenir aux sources du bonheur : austérité des mœurs, sobriété et travail.

OUVRAGES DE M. JULIEN VINSON

SUR LA LANGUE ET LE PAYS BASQUES

Essai sur la langue basque, par Fr. RIBARY, professeur à l'Université de Pest, traduit du hongrois, avec notes, explications et appendice, *Paris*, F. Vieweg, 1877, in-8°, xxviij-158 p.

Les Basques et le pays basque. — Mœurs, langage et histoire. *Paris*, L. Cerf. 1882, in-8°, 140 p. (10 vign., 1 carte et 4 p. de musique .

Le Folk-Lore du pays basque. Paris, J. Maisonneuve, 1883, in-8°, xxxix-397 p.

Essai d'une bibliographie de la langue basque. — *Paris*, J. Maisonneuve, 1891, gr. in-8°, (viij)-xlviij-471-(xlviij) p. — *Complément et Supplément.* — *Paris*, 1898, in-8°, (iv)-xxiij p. et p. 519-819.

Réimpression. avec notes et explications, de plusieurs ouvrages basques anciens : DECHEPARE (1545), S. MARC DE LIÇARRAGUE (1571), POUVREAU (1660), HARIZMENDI (1660) documents révolutionnaires (1790-1893), LÉCLUSE (1826), etc.

Nombreux articles de linguistique, de critique et de bibliographie dans l'*Encyclopédie générale*, la *Grande Encyclopédie*, la *Chambers Cyclopædia*, l'*Encyclopædia Britannica*, les *Bulletins de la Société d'Anthro-*

pologie, le *Bulletin de la Société des Sciences et Arts de Bayonne*, la *République Française*, l'*Impartial* et l'*Avenir des Pyrénées*, la *Revista Euskara* de Pampelune. la *Euskalerria* de Saint-Sébastien, etc., etc., et surtout la *Revue de Linguistique et de Philologie comparée* (1867-1909).